Die Methoden der Hypnose quellenmäßig dargestellt

und

Über die supernormalen Phänomene der Levitation

Bahnhofstr. 240 • 44579 Castrop Rauxel • Deutschland
www.hermetischer-bund.de

Mein Dank geht an Peter Windsheimer für das Design des Titelbildes. Des Weiteren an Ariane und Michael Sauter.

Für Schäden, die durch falsches Herangehen an die Übungen an Körper, Seele und Geist entstehen könnten, übernehmen Verlag und Autor keine Haftung.

Castrop Rauxel • Germany

ISBN: 978-1-291-26311-4

Die Methoden der Hypnose quellenmäßig dargestellt

von Ernst Hengtes

Die Hypnose ist uralt. Mancherlei Praktiken zur Hervorrufung hypnotischer Zustände sind schon im klassischen Altertum nachweisbar. Auch im abendländischen Mittelalter und zur Zeit der Renaissance haben einzelne Männer durch bestimmte Verfahren seelischer Beeinflussung großen Ruf erlangt. Es liegt nicht in unserer Absicht, hier eine Geschichte des Hypnotismus zu schreiben. Geschichtlichen Erörterungen soll nur insofern Raum gewährt werden, als sie zum Verständnis der klassischen Methoden für die Herbeiführung hypnotischer Zustände unerlässlich sind. Die Ausgestaltung dieser Methoden steht größtenteils in direkter Abhängigkeit von der geschichtlichen Entwicklung der theoretischen Erforschung des Hypnotismus. Wir können hierbei vornehmlich drei Phasen unterscheiden:

1. Jene Schule, die unter dem Einfluss der Lehren Mesmers annahm, ein unsichtbares Fluidum, das in den Körper eindringt und den Organismus beeinflusst, würde die eigenartigen hypnotischen Zustände bedingen.
2. Die Schule, welche die Hypnose auf eine direkte Einwirkung lebender oder lebloser Gegenstände auf das Nervensystem zurückführt, wobei namentlich die Ermüdung eine große Rolle spielt.
3. Die momentan vorherrschende Lehrmeinung, dass die Hypnose durch eine psychische Einwirkung zustande kommt, durch Suggestion bzw. durch Autosuggestion.

Die klassischen Methoden der Hypnose sind in ihren Einzelheiten nur Varianten dieser drei Schulrichtungen.

Der moderne Hypnotismus ging aus dem Mesmerismus hervor. Die ursprünglichen Hypnoseverfahren lehnen sich daher eng an die

Praktiken der Mesmeristen an.
An erster Stelle müssen wir hier Marquis Amand-Marc de Puysegur (1751-1825) erwähnen, der als der Entdecker des Somnambulismus gilt. Puysegur verdient besonders deshalb genannt zu werden, weil er durch seine magnetischen Wunderkuren großen Ruf erlangt hat. Auf seinem Besitztum zu Busancy stand eine mächtige Ulme, die der Marquis magnetisierte und durch die zahlreiche Kranke, selbst in Abwesenheit des Magnetiseurs, Heilung fanden. Dieser magnetische Baum, der in der Literatur des Mesmerismus häufig erwähnt wird, macht uns auch die angeblichen Wunderheilungen verständlich, die an zahlreichen Wallfahrtsorten stattfinden und in religiös-dogmatischem Sinne ausgebeutet werden.
Für die Entwicklungsgeschichte des Hypnotismus ist der Name Lafontaine von Wichtigkeit, denn die Experimente dieses Magnetiseurs waren der unmittelbare Anlass zu den Untersuchungen des schottischen Arztes Dr. Braid, die zur Begründung des modernen Hypnotismus führten. Charles de Lafontaine wurde 1803 zu Vendome (Loir-et-Cher) geboren und starb in Genf im Jahre 1888. Als Magnetiseur genoss Lafontaine seinerzeit großen Ruf und hielt öffentliche Demonstrationsvorträge in Frankreich, Italien, England und in der Schweiz. In England wohnte Dr. Braid im Jahre 1841 seinen Vorführungen bei und fand hier die Anregung zu seiner Theorie über die Hypnose. Lafontaine wandte bei seinen öffentlichen Experimenten die klassischen Methoden der Mesmeristen an, die er insofern abänderte, als er neben den üblichen Längsstrichen auch zahlreiche Kreuzstriche um den Kopf der Versuchsperson ausführte.
An dieser Stelle ist auch die von Dr. Esdaille eingeführte Hypnosetechnik zu erwähnen, die ihrem eigentlichen Wesen nach magnetischer Art ist. Dr. James Esdaille war leitender Arzt des englischen Hospitals von Hooghly, in der Nähe von Calcutta, in Bengalen. Er erzielte daselbst überraschende Heilerfolge durch mesmerische Behandlung. Sein Verfahren hat er 1845 in dem aufsehenerregenden Werk: „Mesmerism in India and its practical application in Surgerey and Medecine“ veröffentlicht, das im Jahre

1902 in Chicago in zweiter Auflage erschien. Dr. Esdaille´s Verfahren zur Erzeugung des magnetischen Schlafes für die schmerzlose Vornahme von chirurgischen Operationen besaß folgende Eigentümlichkeit: „Nachdem der Patient während 15-20 Minuten in der üblichen Weise mit Längsstrichen magnetisiert worden war, ließ Dr. Esdaille sich von seinem Assistenten ersetzen, der den Kranken während der gleichen Dauer weitermagnetisierte. War der erste Assistenzarzt ermüdet, so trat ein zweiter oder dritter usw. in Aktion, bis der Patient endlich in magnetischen Schlaf verfiel".

Diese Art von Cross-Magnetism (Kreuz-Magnetismus) soll tatsächlich unfehlbar gewesen sein, und kein Patient erwies sich auf die Dauer refraktär gegen die magnetische Einwirkung. Dr. Esdaille machte zahlreiche Operationen im magnetischen Schlaf. Er hatte jedoch s. Zt. mit den größten Widerständen zu kämpfen; die medizinische Presse boykottierte ihn und hielt die Operierten für Betrüger.

An und für sich ist dieses Verfahren nicht neuartig, denn bereits Hufeland pflegte seine Versuchspersonen von zwei Magnetiseuren abwechselnd behandeln zu lassen. Diese Verfahren, die letzten Endes darauf abzielen, die physische Widerstandskraft des Patienten abzunutzen, ihn mürbe zu machen und durch Ermüdung in den Schlafzustand zu versetzen, können streng genommen wohl nicht als ein Beweis zu Gunsten der Mesmerischen, rein physikalischen Fluidtheorie angesehen werden und stehen daher der von Dr. Braid eingeführten Hypnosetechnik sehr nahe, in welcher die Ermüdung eine nicht zu unterschätzende Rolle spielt.

Das allmähliche Herauswachsen des Hypnotismus aus dem Mesmerismus ist wissenschafts-geschichtlich von hohem Interesse. Es ist merkwürdig zu sehen, wie aus dem Mesmerismus ganz etwas anderes wurde, was im wesentlichen wohl doch dasselbe war.

Als der eigentliche Begründer des modernen Hypnotismus kann mit Recht Dr. Braid angesehen werden. Über sein Leben ist wenig bekannt. Dr. James Braid wurde gegen 1795 zu Rylaw House in

Schottland geboren und starb am 25. März 1860 in Manchester. Von Beruf war Braid Chirurg und genoss besonderen Ruf wegen seiner Geschicklichkeit bei schwierigen Augenoperationen. Auch als Nervenarzt soll Braid Hervorragendes geleistet haben. Braid war ein grundsätzlicher Gegner des Mesmerismus und glaubte, diese Phänomene auf Betrug zurückführen zu müssen. Er war überzeugt, dass alles Verabredung zwischen dem Magnetiseur und der Versuchsperson sei. Auf Drängen seiner Freunde wohnte Braid am 13. November 1841 den öffentlichen Vorführungen Lafontaines bei. Aber schon in der zweiten Sitzung erregte die Tatsache, dass es den Magnetisierten unmöglich wurde ihre Augen offen zu halten, seine besondere Aufmerksamkeit. Er glaubte auch bald die Ursache dieses Phänomens gefunden zu haben, doch verschwieg er seine Vermutung, bis er die Richtigkeit seiner Überzeugung durch eigene Experimente feststellen konnte. Seine Überzeugung war nämlich, dass durch das anhaltende und aufmerksame Starren die zum Auge gehörigen Nervenzentren mit ihren Annexen gelähmt würden, wodurch eine Gleichgewichtsstörung im Nervensystem selbst entsteht. Auf diese Nervenstörung führte Braid die Zustände zurück, die Lafontaine durch den Magnetismus begründete. Braid gewann Interesse an diesen Fragen und begann selbständig zu experimentieren. Er experimentierte zuerst in seiner Wohnung mit einem jungen Mann, den er aufforderte, die Öffnung eines Flaschenhalses starr zu fixieren. Die Flasche war so angebracht, dass das Fixieren derselben ein starkes Heben der Augenlider erforderte, was bekanntlich ermüdend auf die Augennerven und -muskeln wirkt. Tatsächlich senkten sich die Lider des jungen Mannes, die Augen begannen zu tränen, der Kopf sank vornüber, und mit einem leichten Stöhnen verfiel er in einen tiefen Schlaf. Den gleichen Versuch wiederholte Braid mit seiner Frau. Nach ein paar Minuten Fixierens des Flaschenhalses senkten sich auch bei ihr die Augenlider und sie schlief ein. Sie fiel sogar vom Stuhle und drohte in einen hysterischen Paroxysmus zu geraten. Am gleichen Abend wurde noch ein dritter Versuch gemacht. Braid rief seinen Diener herbei, den er häufig bei der Herstellung von Medikamenten als Hilfe verwandte, und erklärte ihm, dass zur Erreichung eines chemischen Experimentes seine angespannte Aufmerksamkeit erforderlich sei. Er befahl ihm daher, unverrückt einen Flaschenhals anzustarren. Nach etlichen Minuten war der Diener, wenn auch nach sichtlichem Widerstand, in festen Schlaf verfallen. Nun wurde noch ein letztes Experiment mit dem jungen Mann versucht, das wieder die gleichen Resultate ergab.

In weiteren Versuchen änderte Braid das Verfahren, er experimentierte wieder mit dem betreffenden jungen Mann, indem er ihn an beiden Daumen hielt und ihn aufforderte, fest in seine Augen zu schauen; ja zuletzt, und wieder mit positivem Erfolg, wurde das Experiment nur durch Anstarren seitens Braids wiederholt. Diese überraschenden Erfolge führten Braid zur festen Formulierung seiner Anschauung, die dahin lautete, dass das anhaltende Starren, die absolute Ruhe und vor allem die vollkommene Konzentration eine Gleichgewichtsströmung in den Gehirn- und Rückenmarkszentren entstehen lässt, die die Herztätigkeit und die Atmung beeinflusst.

In Manchester, Rochdales und Liverpool trat Dr. Braid mit Vorträgen über seine Erkenntnisse an die Öffentlichkeit und versetzte viele seiner Zuhörer auf ihren Wunsch in hypnotische Zustände. Er bat die ungläubigsten und skeptischsten Kollegen, an seinen Experimenten teilzunehmen und sie in jeder Hinsicht zu prüfen. Seine Erfahrungen publizierte Braid in dem Werk: „Neurypnologie: Or the rational of nervous sleep, considered in relation with animal magnetism" (London 1843). Aus Neurypnologie oder Neuro-Hypnologie hat Dr. Braid das Wort Neuro-Hypnotism abgeleitet, woraus die allgemein gebräuchliche Bezeichnung Hypnotismus entstand. Im Jahre 1846 hat Braid sodann eine Schrift: „Die Macht des Geistes über den Körper" veröffentlicht, worin er sich mit der Reichenbach´schen Odlehre auseinandersetzt und auf Grund von eigenen Experimenten die große Bedeutung nachweist, welche die Phantasie auf die Wahrnehmungen hat. Alle späteren Arbeiten, die in den Jahren 1852 bis 1855 erschienen, haben die „Neurypnologie" nur wenig erweitert

und nicht wesentlich verändert; sie behandeln wichtige Tatsachen über hypnotische Behandlungen und Heilerfolge, enthalten aber keine neuen Gedanken und Anschauungen.
Braids Hypnoseverfahren meist eine unverkennbare Analogie auf mit den seit alters her im Orient gebräuchlichen Methoden zur Herbeiführung des Zustandes der Versenkung oder Ekstase, denn es ist bekannt, dass die indischen Fakire zur Erreichung dieses Zieles die Nasenspitze zu fixieren pflegen, während die Buddhisten sich auf die Betrachtung des eigenen Nabels konzentrieren.
Noch im 14. Jahrhundert pflegten die griechischen Mönche des Berges Athos den eigenen Nabel zu fixieren, um durch ekstatische Vision das „Licht des Berges Tabor“ zu erblicken.
Dr. Liebengen änderte Braids Hypnosetechnik folgendermaßen ab: Er stellte sich seitlich von der Versuchsperson, legte seine rechte Handfläche auf deren Haupt und ließ die Spitze seines Daumens, die in Höhe der Nasenwurzel hervorragte, andauernd fixieren.
Erst im Jahre 1859 wurde Braids Methode durch Dr. Eugene Azam in Frankreich bekannt gemacht. Von den einen ermutigt, von den andern verlacht, unternahm es Azam durch eigene hypnotische Versuche die Richtigkeit der Braidschen Lehre darzutun. Durch Vermittlung von Professor Broca, dem bedeutenden Pariser Chirurgen und Physiologen, wusste er die „Academie des Sciences“ in Paris für den Hypnotismus zu interessieren. Der Hypnotismus blieb aber eine rein akademische Frage und fand keinen Eingang in die praktische Medizin.
Erst Donato wusste weitere Kreise für den Hypnotismus zu interessieren. Donato hieß eigentlich Alfred Edouard d´Hondt; er wurde im Jahre 1840 zu Chenee in der Provinz Lüttich geboren und starb 1900 ziemlich vergessen in Paris. Donato entstammte einer Artistenfamilie und war anfänglich Zauberkünstler. Durch seine hypnotischen Experimente auf Pariser Theatern erregte Donato im Jahre 1876 ein ungeheures Aufsehen. Diese Vorführungen fanden jedes Mal vor ausverkauften Häusern statt und bildeten wochenlang das Stadtgespräch von Paris. Dieser ungewöhnliche Publikumserfolg

gab Anlass zu lebhaften Polemiken, wobei sich besonders der Zauberkünstler Carmelli hervortat, der Donato als einen Scharlatan hinstellen wollte. Der „Donatismus“, wie diese eigenartigen Phänomene damals genannt wurden, beschäftigte nicht nur die große Öffentlichkeit, sondern war auch der unmittelbare Anlass, dass Mediziner von Ruf sich mit den Erscheinungen der Hypnose beschäftigten. Vermutlich nahmen die bekannten Untersuchungen Charcots hier ihren Ausgangspunkt.

Donato operierte bei seinen Vorführungen folgendermaßen: Er stellte sich mit auf der Brust gekreuzten Händen vor die Versuchsperson hin und ersuchte diese, ihre Arme ebenfalls zu kreuzen und die Handflächen fest gegen die seinen zu drücken, wobei sie ihm ununterbrochen scharf in die Augen sehen musste. Nach einigen Minuten war meist der Zustand der Faszination erreicht. Durch Suggestion gelang es Donato alsdann, die ganze Skala hypnotischer Zustände hervorzurufen.

Donato veröffentlichte die Schrift: „La lumiere sur le magnetisme, ses defenses et ses ennemis“ (Neufchatel 1888). Weiterhin gab Donato im Jahre 1886 auch eine Zeitschrift „Le Magnetisme“ heraus, die jedoch nach dem ersten Jahrgang einging.

Auch Donatos früherer Compagnon, der bekannte Zauberkünstler, Hypnotiseur und Gedankenleser Pickmann (1857-1925), der um 1893 auf Pariser Bühnen durch seine hypnotischen Vollstellungen großen Erfolg hatte, operierte in ähnlicher Weise wie Donato. Dr. Jean-Martin Charcot (1825-1893), Professor an der medizinischen Fakultät in Paris, ist das Haupt der sogenannten „Pariser Schule“, welche die Erscheinungen der Hypnose auf physische Reize zurückführen will. Charcot geht von der Auffassung aus, dass Suggestibilität eine krankhafte Disposition ist. Da Charcot als Leiter des Frauenkrankenhauses „Salpetriere“ in der Hauptsache auf die Patientinnen der Anstalt angewiesen war, um die Phänomene der Hypnose zu studieren, so ist der Grundirrtum seiner Theorie leicht zu erklären. Charcot zählt die Hypnose zu den Neurosen und vertritt die Ansicht, dass nur Hysterische der Hypnose zugängig seien. Unter

Ablehnung jeglicher psychischen Beeinflussung nimmt Charcot eine direkte hypnogene Einwirkung von Metall und Magneten auf das Nervensystem an und glaubt ferner, durch die Fixierung des Blickes, Hebung der Augenlider oder Streichung der Stirne typisch verschiedene Stadien der Hypnose hervorrufen zu können.

Charcot und seine Schule versuchte die Hypnose meist durch eine Schreckwirkung zu erreichen. Er suchte die Hysterischen der Salpetriere durch eine violente (gewaltige) und plötzliche Beeindruckung der Sinnesorgane in Schlaf zu versetzen. Entweder richtete er plötzlich einen sehr grellen Lichtstrahl in die Augen der Versuchsperson, die sich zuvor in einem verdunkelten Raum befand, oder hielt hinter dem Haupt seines Opfers einen Gong, der unerwartet sehr heftig angeschlagen wurde. Ein ander Mal hielt er einer Hysterischen eine Flasche mit einer stark riechenden Flüssigkeit (Ammoniak) unvermittelt unter die Nase. Durch dieses plumpe Verfahren und die Tatsache, dass er mit Hysterischen operierte, erklärt es sich, dass Charcot zu falschen Schlussfolgerungen gelangen musste. In diesem Zusammenhang verweisen wir speziell auf Band IX seiner „Oeuvres completes" (Paris 1890). Die Theorie von Charcot ist mit seinem 1893 erfolgten Tode so ziemlich in Vergessenheit geraten.

Dr. Jules-Bernard Luys, nachmals Chefarzt des Charite-Krankenhauses in Paris, war ein Schüler Charcots und teilte bis zu einem gewissen Punkt dessen Ansichten über die Hypnose. Zu deren Hervorrufung benutzte Dr. Luys späterhin einen kleinen Spiegel, der durch ein Uhrwerk in rotierende Bewegung versetzt wurde und den die Versuchsperson anstarren musste. Dr. Luys veröffentlichte verschiedene Werke über Hypnotismus. Der bekannte Okkultist Dr. Papus (Dr. med. Gerard Encause) war eine Zeit lang Assistenzarzt von Dr. Luys im Charite-Krankenhaus und veröffentlichte seinerseits das Werk „Magie et l´Hypnose" (Paris 1897). Gemeinsam mit Dr. Luys gab Dr. Papus die Schrift heraus: „Du transfert a distance a l´aide d´une couronne de fer aimantee d´etats nevropathiques varies d´un sujet a l´etat de veille sur un sujet a l´etat hypnotique"

(Clermont 1891), die im Sinne der Arbeiten Charcots gehalten ist.
Wie in Frankreich der Hypnotismus durch Donato populär gemacht wurde, so wurde auch in Deutschland das Interesse für die Hypnose hauptsächlich durch die öffentlichen Vorführungen des dänischen Hypnotiseurs Hansen geweckt und die wissenschaftlichen Untersuchungen von Weinhold, Heidenhain, Berger, Preyer veranlasst. Hansen operierte gewöhnlich folgendermaßen: Unter den Zuschauern wählte er mit Vorliebe blasse, nervöse junge Menschen. Er lässt sie auf die Bühne kommen und ein paar Mal im Kreis herum gehen, dann hält er plötzlich einen davon an, ergreift dessen Kopf mit beiden Händen, drückt ihn etwas brüsk zurück und blickt ihm aus nächster Nähe scharf in die Augen. Diese etwas brutale Methode zur Erzielung einer Schreckhypnose war nicht völlig gefahrlos.
Professor Dr. A. Pitres, Chefarzt am St. Andre-Krankenhaus zu Bordeaux, hat wohl als erster auf die Bedeutung der hypnogenen Punkte hingewiesen. Die hypnogenen Punkte definiert Dr. Pitres folgendermaßen: „Gewisse eng umschriebene Körperstellen, deren Berührung entweder sofort den hypnotischen Schlaf hervorruft, dessen Phasen verändert oder schließlich auch eine hypnotisierte Person plötzlich wieder in den Wachzustand zurückführen kann“. Hierbei ist zu berücksichtigen, dass Dr. Pitres, ebenso wie Charcot, im St. Andre-Krankenhaus vorwiegend mit Hysterischen experimentierte. Die Zahl der hypnogenen Punkte und deren genaue Lokalisierung ist sehr verschieden von einem Individuum zum andern. Bei einzelnen Patienten konnte Dr. Pitres an die 50 solcher Zonen feststellen. Die hypnogenen Punkte sind schwer aufzufinden, da sie durch kein äußeres Zeichen erkenntlich und auf eine sehr eng umschriebene Stelle lokalisiert sind. Sie können nur zufällig entdeckt werden. Meist sind diese Zonen an den Nagelwurzeln der Finger, am Handgelenk, an der Nasenwurzel, am Ellenbogengelenk, bei Frauen auch häufig in der Gegend der Ovarien gelegen.
Bei seinen hypnotischen Versuchen ging Dr. Pitres gewöhnlich folgendermaßen vor: Er befiehlt seiner Versuchsperson die Augen zu schließen und an Schlaf zu denken. Dann suggeriert er allgemeine

Müdigkeit, Unfähigkeit, die Augen zu öffnen, äußere Geräusche nicht mehr zu hören usw., und übt gleichzeitig einen leichten, doch anhaltenden Druck auf den zufällig ermittelten hypnogenen Punkt aus. Auch von Dr. Pitres liegen mehrere Schriften über Hypnose vor.
Nebenbei sei bemerkt, dass bereits die indische Geheimphilosophie seit alters her eine zwischen den Augenbrauen an der Nasenwurzel gelegene hypnogene Stelle kannte, welche als das „Auge des Siva“ bezeichnet wurde.
Die Methode des Dr. Lasgue weist eine gewisse Analogie mit jener des Dr. Pitres auf. Nachdem er der Versuchsperson suggeriert hatte, die Augen nicht mehr öffnen zu können, übt er mit beiden Daumen einen leichten, anhaltenden Druck auf die Augäpfel aus.
Die Methode des Dr. Fowler beruht auf denselben Prinzipien wie das Verfahren Braids, das eine Ermüdung der Augenmuskeln und -nerven bezweckt. Dr. Fowler hat sein Verfahren in dem Werk „Suggestive Therapeutics“ beschrieben, das im wesentlichen darin besteht, dass die Versuchsperson auf Kommando, beim Aussprechen einer Zahl, die Augen schließt und rhythmisch wieder öffnet. Man erklärt der Versuchsperson, dass sie bei jeder Zahl die der Hypnotiseur ausspricht, die Augen während 2-3 Sekunden schließen muss und sie alsdann wiederum langsam öffnet, bis sie die nächste Zahl hört, dann schließt sie wiederum die Augen wie das erste Mal, und so weiter bis zum Eintritt des hypnotischen Schlafes. Der Hypnotiseur setzt sich der Versuchsperson gegenüber, fasst sie mit beiden Daumen, fixiert sie scharf in die Augen und zählt mit eintöniger Stimme: Eins Zwei . . . Drei . . . usw.
Dr. Charles Richet, nachmals Professor an der medizinischen Fakultät von Paris, hatte im Jahre 1875 die Schrift „Du somnambulisme provoque“ veröffentlicht. Zur Erzielung der Hypnose verwendete Richet folgendes kombiniertes Verfahren: „Ich lasse die Versuchsperson in einem bequemen Lehnsessel Platz nehmen und setze mich ihr dicht gegenüber. Ich erfasse ihre beiden Daumen und übe während ungefähr 3 bis 4 Minuten einen ziemlich starken, doch gleichmäßigen Druck auf dieselben aus. Nervöse

Personen verspüren nach dieser Zeit bereits eine gewisse Schwere in den Armen, Ellenbogengelenken und namentlich im Handgelenk. Alsdann mache ich Längsstriche über Scheitel und Stirn bis zu den Schultern. Diese Striche bestehen in gleichmäßigen Handbewegungen von oben nach unten, als wollte man die Augenlider der Versuchsperson schließen. Anfänglich glaubte ich, dass es notwendig sei, die Versuchsperson irgendeinen Gegenstand fixieren zu lassen, doch in der Folge fand ich, dass dies eine unnütze Komplikation sei. Die Fixierung des Blickes mag vielleicht einen Einfluss haben, doch ist dies nicht unumgänglich notwendig".

Eine andere kombinierte Methode der Hypnose besteht darin, neben der Suggestion auf den Geruchssinn einzuwirken. Dieses Verfahren wurde namentlich von Dr. Liebengen angewandt und wurde in Frankreich durch Dr. Charpentier und in Amerika durch Dr. Hawley eingeführt. Dr. Liebengen hatte als erster bemerkt, dass der Ätherrausch oder eine leichte Chloroformnarkose ohne Schwierigkeit in Hypnose übergeleitet werden konnte. Auf dieser Beobachtung beruht die Eigentümlichkeit dieses Hypnoseverfahrens. Man gibt der Versuchsperson Äthylchlorid (Äther anaestheticus) zum Einatmen, bis eine leichte Betäubung erreicht ist, und leitet alsdann durch geeignete Suggestionen die Hypnose ein.

Auf die Möglichkeit, den natürlichen Schlafzustand durch Suggestion in Hypnose überzuführen, hat als erster Dr. Paul Farez in einem Artikel der „Revue de l'Hypnotisme" hingewiesen. Dr. Farez beschreibt sein Verfahren wie folgt: „Authentische Beobachtungen, beweiskräftige Versuche, vollendete Heilungen zeugen von der Wirksamkeit der unter dem Schutze des natürlichen Schlafes gemachten Suggestion. Man kann sogar behaupten, dass sie ein Surrogat, einen Ersatz der hypnotischen Suggestion darstellt und dass ihre Wirksamkeit in allen Fällen, in welchen Psychotherapie in Frage kommt, herangezogen werden kann".

„Die einem soeben in natürlichen Schlaf verfallenen Kranken ins Ohr geflüsterte Suggestion erweist sich bisweilen als wirksam, doch öfter versagt sie. Der Grund dieses Misserfolges ist ein doppelter:

Entweder erwacht der Kranke, sobald ihm die verbale Suggestion wird, oder er schläft sehr tief weiter und die Suggestion beeinflusst ihn nicht. Bevor man eine aktive Suggestion wirken lassen kann, ist es unerlässlich, den Kranken eine Art Vorbereitung durchmachen zu lassen, deren Ziel ein doppeltes ist: 1. Man muss ihm etwas ins Ohr sagen können, ohne dass er erwacht. 2. Die Suggestion muss wirklich zu ihm gelangen und in das volle Licht des Bewusstseins gerückt werden. Dies doppelte Ziel ist dank sehr einfacher, aber äußerst feiner Verfahren zu erreichen, welche vom Psychotherapeuten viel Umsicht und Geduld erfordern".

„Erinnert sei an die psychologische Wahrheit, dass der Zustand der Hypotaxie sehr leicht durch die Aufrechterhaltung einer einfachen, homogenen, gleichförmigen, andauernden und ausschließlichen Empfindung verwirklicht wird. Im vorliegenden Fall lasse ich sehr gern die Gehörsempfindung eintreten. Ich gebe hier in allgemeinen Umrissen die Technik, welche ich mit um so größerem Vertrauen bevorzuge, als sie die psychologischen Gesetze und die therapeutischen Erfolge vollauf und in weitestem Maße rechtfertigen".

„Des Abends, wenn der Kranke eingeschlafen ist, gehe ich ohne Geräusch in sein Zimmer. Ich bleibe zunächst mehrere Meter von seinem Bett entfernt und beginne mit sehr leiser, kaum vernehmbarer Stimme in langsamen, monotonen Rhythmus die beiden Silben deutlich auszusprechen: Schla . . . fen! Schla . . . fen! und wiederhole sie ohne Ungeduld so lange wie es nötig ist. Ganz allmählich nähere ich mich dem Bett und komme auf 15-20 cm an das Ohr des Schlafenden heran. Keinen Augenblick habe ich aufgehört, meine beiden Silben in dem gleichen langsamen, monotonen Rhythmus mit sehr leiser, kaum hörbarer Stimme zu flüstern. Auch wenn ich nahe dem Ohr des Schlafenden bin, fahre ich fort, meine beiden Silben gleichförmig skandierend auszusprechen. Ich behalte denselben Rhythmus bei; doch nach Verlauf einiger Minuten erhebe ich meine Stimme und steigere sie an Intensität allmählich, ohne Sprung, ohne Stoß, ohne Ungestüm".

„Was geht psychologisch vor sich?“

„Die Gehörsempfindung, zuerst unbestimmt, kaum vorhanden, dringt allmählich ein, wird immer deutlicher, erreicht die Schwelle des Bewusstseins, tritt aus dem Halbschatten in volles Licht und gewinnt bald die Lebhaftigkeit phantastischer Traumvorstellungen. Nun wird die durch das Schla . . . fen! Schla . . . fen! erzeugte sensorielle Erregung andauernd erhalten und allmählich gesteigert. Die Gehörsempfindung besteht nun in kräftiger Weise, wird lebhafter und lebhafter, gewinnt das Übergewicht und „drängt“ allmählich die anderen Vorstellungen, welche vorher das gesamte Bewusstsein in Anspruch nahmen, zurück. Die letzten werden schwächer und schwächer, verringern sich und entschwinden mehr und mehr, bis sie ganz die Schwelle des Bewusstseins verlassen, ganz ausgeschaltet werden. In diesem Augenblick besteht nur noch die durch Schla . . . fen! Schla . . . fen! hervorgerufene Gehörsempfindung; alle anderen entgegenstehenden Vorstellungen sind zurückgedrängt, verschwunden“.

„Bekanntlich vermag das Bewusstsein nicht lange sich selbst gleich zu bleiben. Es erträgt in gewisser Hinsicht die „Perzeption des Unterschiedes“. Es wird sich bald aufhellen oder verdunkeln, je nachdem sein Inhalt allmählich oder völlig sich verändert“.

„Dann wiederholen wir immer noch: Schla . . . fen! Schla . . . fen! mit einer nicht mehr progressiv wachsenden Intensität, sondern jetzt in konstant gleichbleibender Weise. Von nun an schwankt die Quantität und Qualität des bewussten Phänomens nicht mehr, unsere einfache, homogene, zugleich völlig bewusste Sensation wird immer weniger bewusst, dann unterbewusst, d. h. wirklich unbewusst. In diesem Moment ist das psychische Leben sozusagen seines Inhaltes völlig beraubt. Es realisiert einen der Belehrung, der Bearbeitung, der Empfänglichkeit sehr günstigen Zustand. Unser Medium ist für die Suggestion geeignet geworden. Es kann beeinflusst werden, wie wenn es in hypnotischen Schlaf versenkt wäre. Dieser künstliche „Anideismus“ gestattet, durch Suggestion einen „Monoideismus“, oder genauer einen „Oligoideismus“, zu erzeugen, günstig zur

Behandlung der krankhaften Erscheinungen, um welche es sich in jedem besonderen Falle grade handelt".

„Doch ist man jemals sicher, diesen Zustand der Empfänglichkeit hergestellt zu haben? An welchen Eigentümlichkeiten kann man ihn erkennen? In welchem Augenblick wird man davon unterrichtet?"

„Um das Silbenpaar Schla . . . fen! Schla . . . fen" nach isochronem Rhythmus auszusprechen, bemühe ich mich, sie synchron mit den Atembewegungen des Mediums zu machen. Mit andern Worten: Die Silbe „Schla" wird immer während einer Einatmung, die Silbe „fen" während einer Ausatmung ausgesprochen. Dann habe ich die Feststellung gemacht, dass, wenn ich nach Verlauf einer gewissen, verschieden langen Zeit den Rhythmus meiner Worte ganz leicht ändere, auch der Atemrhythmus des Kranken verändert, beschleunigt oder verlangsamt wird. Wenn ich so indirekt, wie willkürlich auf die Atembewegungen des Mediums einwirken kann, erachte ich, dass es sich bereit befindet, dass der Moment für die Suggestion günstig ist. Die Vorbereitungsperiode ist beendet, die wirklich aktive Phase beginnt".

Diese Methode, die u. a. auch Coue empfiehlt, ist sehr geeignet für Erziehungssuggestionen bei Kindern. Wegen des Vorherrschens der Suggestion steht dieses Hypnoseverfahren der sogenannten „Schule von Nancy" eigentlich näher als der Braid´schen Theorie vom Nervenschlaf. Bevor wir uns jedoch den eigentlichen Suggestionsmethoden zuwenden, wollen wir noch kurz den Moutinsehen Reflex zur Diagnose der Suggestibilität erwähnen.

Dr. Lucien Moutin (1856-1919) veröffentlichte im Jahre 1896 das Werk: „„Le diagnostic de la suggestibilite", worin er die Entdeckung und praktische Verwendung des nach ihm benannten Reflexes ausführlich beschrieb. Der Moutin´sche Reflex wird folgendermaßen festgestellt: Man stellt sich hinter die Versuchs-Person und legt die beiden Handflächen mit ausgespreizten Fingern leicht auf deren Schulterblätter derart, dass die beiden Daumen auf der Wirbelsäule aufliegen. Nach kurzer Zeit, höchstens 30 Sekunden, zieht man beide Hände langsam zurück. Wenn alsdann der Oberkörper der

Versuchsperson sich, scheinbar von den Händen angezogen, nach rückwärts neigt, so kann man sagen, dass sie den Moutin´schen Reflex – wenigstens in leichtem Grade – aufweist. In stärkerem Grade wird sie brüsk angezogen und gezwungen sein, rückwärts schreitend den Händen des Versuchsanstellers zu folgen, selbst wenn diese die Schulterblätter nicht mehr berühren und 20-30 cm von ihnen entfernt sind. Einige Versuchspersonen verspüren gleichzeitig ein mehr oder stärkeres Wärmegefühl. Statt beide Hände auf die Schulterblätter aufzulegen, kann man auch die rechte Hand auf den Nacken legen; die Wirkung bleibt bei empfänglichen Personen die gleiche.

Die sogenannte „Schule von Nancy“ sieht, im Gegensatz zu der von Charcot gegründeten „Pariser Schule“, in der Suggestion als rein psychisches Phänomen die Grundlage jeder Hypnose. Es sind nicht die Manipulationen, die vorgenommen werden, welche das Medium einschläfern, sondern die Vorstellung, dass diese Manipulationen die erwarteten Zustände herbeiführen werden. Der akademische Begründer dieser Schule ist Professor Dr. Hippolyte Bernheim, der aber tatsächlich seine Gedanken den Erfahrungen und Anregungen Dr. Ambroise Liebaults verdankt, welcher sie in langjähriger Landpraxis in Pont St. Vincent gesammelt hat.

Der eigentliche Vorläufer der modernen Suggestionslehre war jedoch der Abbe Faria. Jose Custotio de Faria wurde gegen 1756 zu Goa (Ostindien) geboren und starb 1819 in Paris. Er kam in jungen Jahren nach Lissabon, wo er erzogen wurde. In Rom wurde er Ordensgeistlicher und kam bei Ausbruch der großen französischen Revolution nach Paris. Gegen Ende seines Lebens interessierte er sich für den Magnetismus und genoss bald großen Ruf durch seine wunderbaren Kuren. Seit 1813 hielt Faria in Paris öffentliche Vorträge, wobei er als Gegner der Mesmerischen Fluidtheorie auftrat. Er hinterließ ein unvollendetes vierbändiges Werk: „De la cause du sommeil lucide, ou Etude de la nature de l´homme“, wovon jedoch nur der erste Band im Jahre 1819 erschien. Eine Neuauflage dieses Werkes mit Vorwort und Einleitung gab Dr. Daldago im Jahre 1906

in Paris heraus. In der Einleitung zu dieser Neuauflage weist Dr. Daldago nach, dass Abbe Paria der eigentliche Begründer der Suggestionslehre ist.
Wenn wir jedoch weiter zurückgreifen, finden wir als Vorläufer der Suggestionslehre Pietro Pomponazzi und Thomas Fyens. Pietro Pomponazzi (1462 bis 1524) hat als erster den Einfluss der Vorstellungskraft bei den Wunderheilungen, die den Reliquien der Heiligen zugeschrieben werden, klar erkannt und diese Erkenntnis in dem Buche „De Incantionibus" (Basel 1567) niedergelegt, das diesetwegen von der Inquisition öffentlich verbrannt wurde. Pomponazzi war so keck zu behaupten, selbst ein Hundeknochen könne eine Heilung bewirken, wenn er mit dem nötigen robusten Glauben berührt würde. Eine französische Übersetzung dieses seltenen Werks gab 1930 Prof. Henri Busson heraus unter dem Titel: „Les causes des merveilles de la nature ou les enchantements" (Editions Rieder, Paris). Anschließend an Pomporazzi hat auch der belgische Arzt Dr. Thomas Fyens (1567-1631) die therapeutische Bedeutung der Vorstellungskraft in seinem Buche „De viribus Imaginationis Tractatus" (Leyden 1635) behandelt, das gewissermaßen ein Handbuch der Suggestionslehre im heutigen Sinne ist.
Farias Methode zur Hervorrufung der Hypnose war sehr einfach. Er befahl der in einem Lehnstuhl sitzenden Versuchsperson, ihn fest anzublicken und an Schlaf zu denken. Faria stellte sich in einiger Entfernung mit erhobener rechter Hand vor die Versuchsperson hin und blickte sie mit seinen großen schwarzen Augen scharf an; dann näherte er sich einige Schritte, senkte plötzlich die erhobene Rechte und befahl in energischem Tone der Versuchsperson zu schlafen.
Wie wir im Vorhergehenden gesehen haben, setzte sich die Auffassung, dass die Hypnose ein rein psychisches Phänomen sei, jedoch anfangs nicht durch. Als Dr. Aug. Ambroise Liebault (1823-1901) im Jahre 1866 das Buch: „Du sonuneil et des etats analogues consideres surtout au point de vue de l´action de moral sur le physique" veröffentlichte, worin er die gleichen Ansichten wie Faria vertrat, blieb diese Arbeit gänzlich unbeachtet. Die Freunde des

Autors zweifelten sogar an seiner geistigen Gesundheit. Liebault fand erst Beachtung, als 1886 Prof. Bernheim aus Nancy für seine Theorie öffentlich eintrat. Außer einer kleinen Schrift „Etude sur le zoomagnetisme“ (Paris 1883) veröffentlichte Liebault noch das Werk: „Therapeutique suggestive, son mecanisme. Proprietes diverses du sommeil provogue et des etats analogues“ (Paris 1891).

Professor Bernheim hat die von Liebault bevorzugte Praxis übernommen und ist in der Hauptsache zur Verbalsuggestion übergegangen, d. h. ohne irgendwelche äußere Mittel anzuwenden, ohne den Blick auf einen Gegenstand fixieren zu lassen, hat er einfach durch Beschreibung der Zustände, die eintreten sollen, die Vorstellung der Zustände in seinen Patienten wachgerufen. Bernheim beschreibt sein Verfahren wie folgt: „Einleitend suche ich den Patienten zu beruhigen und erkläre ihm, dass die Hypnose keineswegs gefährlich oder etwas Ungewöhnliches sei. Ich bemerke ihm, dass man diesen Schlafzustand bei jedermann hervorrufen kann, dass es ein erquickender, ruhiger Schlaf sei, der das nervöse Gleichgewicht herstellt. Dann sage ich ihm: „Schauen Sie mich an und denken Sie an den Schlaf. Sie werden alsbald eine eigenartige Schwere der Augenlider, eine große Müdigkeit der Augen verspüren. Die Augen zwinkern, werden feucht. Sie sehen nur mehr verschwommen . . . Nun schließen Sie die Augen . . .“ Einige Patienten schließen die Augen und schlafen allsogleich. Bei andern Patienten wiederhole ich dasselbe in eindringlicherer Weise und unterstreiche meine Worte durch irgendwelche Gesten. Ich halte der Versuchsperson die gespreizten zwei Finger der rechten Hand vor die Augen und ersuche sie, diese zu fixieren, oder ich mache mit beiden Händen Strichbewegungen vor dem Gesicht. Manchmal ersuche ich auch die Versuchsperson meine Augen zu fixieren, wobei ich ihre ganze Aufmerksamkeit auf die Vorstellung des Schlafes zu konzentrieren suche. Dabei rede ich ihr ein: „Ihre Augenlider schließen sich, Sie vermögen diese nicht mehr zu öffnen. Sie verspüren eine große Mattigkeit in den Armen und Beinen. Sie fühlen gar nichts mehr. Ihre Hände bleiben unbeweglich. Sie sehen nicht mehr deutlich. Der Schlaf kommt . . . Das Schlafbedürfnis wird immer stärker . . . Schließlich sage ich in gebietendem Tone: „Nun schlafen Sie!“ Dieser Befehl bewirkt häufig, dass der Patient tatsächlich die Augen schließt und schläft“.

„Wenn jedoch die Versuchsperson die Augen nicht schließt oder nicht geschlossen hält, so fahre ich mit der Fixierung des Blickes nicht weiter fort, denn es gibt Personen, welche die Augen andauernd krampfhaft offen halten und statt an den Schlaf allein nur an das Fixieren denken. Hier kommt man eher zum Ziel, wenn man der Versuchsperson die Augen sanft zudrückt. Nach 2-3 Minuten der Fixierung des Blickes drücke ich alsdann die Augenlider langsam herunter, halte sie geschlossen und übe gleichzeitig einen sanften, anhaltenden Druck auf die Augäpfel aus, wobei ich so gut wie möglich nachzuahmen versuche, was beim natürlichen Schlaf eintritt. Dann halte ich die Augen fest geschlossen und suggeriere weiter: „Ihre Augenlider sind fest geschlossen, Sie können diese nicht mehr öffnen. Sie werden zunehmends schläfriger. Sie können dem Schlaf nicht mehr widerstehen!“ Ich senke allmählich die Stimme und sage schließlich: „So, nun schlafen Sie!“ Meist tritt dann nach 4-5 Minuten der Schlaf ein“.

Professor Bernheim veröffentlichte folgende Werke: „De la suggestion dans l´etat hypnotique et dans l´etat de veille“. Paris 1884; „De la suggestion, de ses applications a la therapeutique“. Paris 1886; „Hypnotisme. Suggestion. Psychotherapie“. Paris 1891.

Von Liebault und Bernheim aus haben eine Reihe von bedeutenden Lehrern und Praktikern der Hypnose ihren Ausgang genommen. Vor allem verdient hier der Stockholmer Arzt Dr. Otto Wetterstrand erwähnt zu werden, weil er ein neues Prinzip in die hypnotische Praxis einführte. Dr. Wetterstrand ist der Begründer der Massenhypnose unter Anwendung des Prinzips der seelischen Ansteckung. Lange Jahre hindurch hypnotisierte Dr. Wetterstrand jeden Nachmittag ein paar Dutzend Patienten gleichzeitig. Er fing dabei wie zufällig bei denjenigen Patienten an, die schon eine gewisse hypnotische Dressur hinter sich hatten und von denen er wusste, dass sie ohne weiteres einschlafen würden. Von diesen so schnell und sicher eingeschläferten Patienten ging dann eine ansteckende Wirkung auf die anderen über. So ging Dr. Wetterstrand allmählich von den alten zu den neuen Patienten über, bis er alle in den Zustand der Hypnose gebracht hatte. Dr. Wetterstrand hat sein Verfahren 1898 in einem kleinen Büchlein geschildert, das ich jedoch nur aus der französischen Übersetzung kenne, die 1899 in Paris unter dem Titel: „L´Hypnotisme et ses applications a la medecine pratique“ erschien.

Das sind in ihrer geschichtlichen Entwicklung die klassischen Methoden der Hypnose. Die von anderen Autoren beschriebenen Verfahren sind nur Varianten der Grundprinzipien der im Vorhergehenden skizzierten drei Schulrichtungen. Einige Jahre vor dem Krieg waren in allen größeren Tageszeitungen und Zeitschriften bombastische Anzeigen zu finden von dem „New-York Institute of Science“ über einen Korrespondenz-Kursus über Hypnotismus, Persönlicher Magnetismus, Mesmerismus und dergl., von dem die unglaublichsten Wunderdinge berichtet wurden. Wer von der Neugierde gestachelt diesem Institut seine Adresse bekannt gab, wurde Monate lang mit Prospekten, Druckschriften, Attesten und dergl. bearbeitet, wobei der Subskriptionspreis successiv auf 100 Mark ermäßigt wurde. Der Autor dieses Korrespondenzkursus war ein gewisser X. La Motte Sage, der als Präsident des „New-York Institute of Science“ aus Rochester (Staat New-York) zeichnete. Dieser Korrespondenzkursus bestand aus zwei Teilen von je 81 und 31 Blatt hektographiertem Schreibmaschinentext nebst einigen recht schlechten Klischees und war lediglich eine summarische Darstellung der klassischen Hypnoseverfahren ohne nähere wissenschaftliche Begründung und Referenzen. Das ganze Elaborat war auf das intellektuelle Niveau des „man in the street“ zugeschnitten, das bekanntlich in Amerika nicht sehr hoch ist.

Zum Schluss sei noch auf die letzte Phase der Hypnoselehre hingewiesen, auf den Coueismus, der in den letzten Jahren so großes Aufsehen erregte. Der Apotheker Emile Coue hatte im Jahre 1885 die Bekanntschaft mit Liebault in Nancy gemacht und eine Zeit lang

dessen Verfahren der hypnotischen Behandlung ausgeübt.
In der Folge wich Coue jedoch wesentlich von Liebaults Lehre ab, indem er erstens die Autosuggestion in den Vordergrund stellte und außerdem nicht den bewussten Willen als Vehikel für die Suggestionen benützen wollte, sondern bestrebt war, Schichten des Unterbewusstseins zu erreichen, die sich in einem nichtgespannten Zustande befinden. Übrigens war Coue nicht der erste, der die Bedeutung der Autosuggestion und die Art ihrer Anwendung erkannte. (Auch schon Seneca kannte den Wert der Selbstbeeinflussung, denn in Epist. 78 an Lucilium schreibt er: „Mache dir nicht selbst deine Leiden schwerer und beschwere dich nicht mit Klagen. Leicht ist der Schmerz, wenn dein Glaube ihm nichts hinzufügt. Im Gegenteil, wenn du dich selbst ermahnst: „Es ist nichts oder sicher nur etwas Geringfügiges, dauere aus, es wird schon aufhören“, so wirst du ihn durch diesen Glauben leicht machen. Alles hängt von unserem Dafürhalten ab, nicht nur der Ehrgeiz und die Üppigkeit und der Geiz richten sich danach, auch Schmerz empfinden wir ganz unserem Meinen gemäß“.)
Bereits im Jahre 1893 erschien in Chicago das Buch: „The Law of Psychic Phenomena“ von Dr. phil. Thomson Jay Hudson, welcher die Idee der Autosuggestion im Sinne Coues schon klar ausgesprochen hat. „Richtig verstanden und ausgeübt“, sagt Dr. Hudson, „liefert die Autosuggestion einem jeden das Mittel, um sich selbst zu heilen oder wenigstens sich selbst im nötigen geistigen Zustand zu erhalten, um die guten Wirkungen der hypnotischen Behandlung fortdauernd zu machen“. Dr. Hudson hat auch eindringlichst darauf hingewiesen, dass die menschliche Psyche aus Bewusstsein und Unterbewusstsein besteht, welchen Gedanken bereits Eduard von Hartmann in seiner „Philosophie des Unbewussten“ (Berlin 1869) durch spekulativ-induktive Schlussfolgerungen ausführlich entwickelt hat. Um das Phänomen der Hetero- oder Autosuggestion zu erklären, weist Coue darauf hin, dass der Mensch aus zwei absolut getrennten Individuen besteht, die beide intelligent sind, aber von denen das eine bewusst, das andere unbewusst ist. Das unbewusste Individuum besitzt nach

Coue den Willen, das unbewusste Individuum aber die Vorstellungskraft. Die Methode Coues zielt nun dahin, die Vorstellungsinhalte des Unbewussten oder Unterbewusstseins zu kontrollieren, sie in Einklang mit den akuten, d. h. wachbewussten Vorstellungen zu bringen. Um an das Unterbewusstsein heranzukommen haben die Anhänger der Hypnose den Menschen in Tiefschlaf versetzt und ihm so unter Umgehung des Wachbewusstseins Vorstellungen eingepflanzt, die sich dann verwirklicht haben. Das gleiche Ziel erreicht Coue durch Autosuggestionen im Wachzustand. Auf Grund seiner durch fünfundzwanzig Jahre gesammelten Erfahrungen hat Coue folgende Grundsätze aufgestellt:

1. Wenn Wille und Vorstellung sich widersprechen, so unterliegt ausnahmslos der Wille.
2. Wenn Wille und Vorstellung in Konflikt sind, so ist die Kraft der Vorstellung fast proportional größer als die Willenskraft.
3. Wenn sich Wille und Vorstellungskraft koordinieren, so wird der erstere durch die letztere vervielfacht.
4. Die Vorstellungskraft kann zielbewusst geleitet werden.

Die klassische Formel Coues für die autosuggestive Behandlung lautet: „Es geht mir jeden Tag und in jeder Hinsicht besser und immer besser!“ Dieser Spruch soll 10-20 mal, morgens und abends wiederholt werden. Als Hilfe für die vollkommene Entspannung dient bei dieser Wiederholung eine Schnur mit 20 Knoten, ähnlich wie ein Rosenkranz, die keine andere Rolle spielt als die eines mechanischen Zählbehelfes.

Ähnlich wie Dr. Wetterstrand ist Coue zur Ausübung einer suggestiven Massenbehandlung gelangt. Aber während Wetterstrand bei seiner Massenbehandlung den einzelnen Patienten besonders vornahm und ihn in eine möglichst tiefe Hypnose hinabzudrängen versuchte, begnügte sich Coue vielmehr bei seiner Behandlung mit einer oberflächlichen Entspannung seiner Patienten und richtete seine Suggestionen in der Stärke der gewöhnlichen Umgangssprache an alle Anwesenden gemeinsam. Coue suchte weniger eine direkte Beeinflussung seiner Patienten, sondern legte das Hauptgewicht auf ihre Erziehung zur Anwendung der Autosuggestion. Jeden Nachmittag gegen 2 Uhr versammelte Coue in einem besonderen kleinen Gebäude, neben seiner Wohnung in der rue Jeanne d´Arc in Nancy seine zahlreichen Patienten. Nachdem Coue für jeden Neuangekommenen ein freundliches Wort hatte, nahm er inmitten seiner Patienten Platz und hielt Tag für Tag die gleiche Ansprache: „Meine Damen und Herren! Ich bin kein Zauberer oder ein mit geheimnisvollen Kräften begabter Mensch. Ich bin kein Hypnotiseur und bin auch nicht Arzt. Ich will lediglich als Lehrer Ihnen meine Methode der Autosuggestion und ihre praktische Anwendung zeigen“. Dann erklärte er in schlichten Worten die Grundsätze seiner Lehre und nahm an ein paar Anwesenden einige Wachsuggestionen vor, wie Unvermögen die Faust zu öffnen und dergl. Nach diesen Experimenten wandte er sich wieder an die Allgemeinheit mit der Bitte die Augen zu schließen. „Ich unternehme es nicht Sie einzuschläfern, das ist überflüssig. Ich bitte Sie, die Augen zu schließen lediglich aus dem Grunde, damit ihre Aufmerksamkeit durch keinerlei äußere Eindrücke zerstreut werden kann. Sagen Sie sich nur, dass die Worte, die ich jetzt aussprechen werde, sich fest in ihr Gehirn eingraben werden, sich dort fixieren, sich dort für immer fixieren werden, dort immer eingegraben und unverrückbar stehen werden, und dass Sie selbst, ohne dass Sie es wollen, ohne dass Sie es wüssten, in ganz unwillkürlicher, unbewusster Weise Ihrem Organismus Befehle erteilen, Befehle, denen Sie unweigerlich gehorchen werden“. Darauf sprach er in sehr raschem Tempo, zum vieltausendsten Male, seine allgemeinen Suggestionen, welche die Funktionen des Essens, Verdauens, Schlafens und ihren richtigen Ablauf betrafen, dann die seelischen Stimmungen, die Art der Gedanken, das Vertrauen zu sich selbst berührten. Alles würde nun in Zukunft besser gehen. Es folgten dann die speziellen Suggestionen für die anwesenden Patienten, die auch nur aussagten, dass die Beschwerden von Tag zu Tag geringer und schließlich ganz verschwinden würden. Zum Schluss lehrt Coue sodann die Anwesenden seine universelle Suggestionsformel. „Schließen Sie jeden Morgen unmittelbar vor dem Erwachen und jeden Abend vor dem Einschlafen die Augen und flüstern Sie mit den Lippen laut, dass Sie Ihre eigenen Worte hören, etwa zwanzig Mal, ohne Ihre Aufmerksamkeit krampfhaft auf das zu richten, was Sie sagen: „Es geht mir von Tag zu Tag in jeder Hinsicht besser und immer bessert." Die Worte „in jeder Hinsicht" beziehen sich auf alles, es ist unnötig, sich spezielle Suggestionen zu machen. Machen Sie diese Autosuggestion auf jeden Fall ohne die geringste Anstrengung, gleichsam mechanisch, so einfach wie möglich, in ganz monotonem Tone. Behalten Sie diese Suggestionen, die ebenso hellend wie vorbeugend sind, für das ganze Leben bei".

So etwa verlief eine Sitzung bei Coue, die jedes Mal ungefähr zwei Stunden dauerte. Die einzelnen Sitzungen glichen sich absolut. Es waren immer wieder dieselben Worte und Experimente, nur dass die Patienten wechselten. Coue hat sein Verfahren in einer kleinen Broschüre: „Die Selbstbemeistenmg durch bewusste Autosuggestion" veröffentlicht, die in Tausenden von Exemplaren erschien.

Damit haben wir die Entwicklung der Suggestionstheorie bis auf den heutigen Tag verfolgt. „In völliger Übereinstimmung mit Bernheim", schreibt der bekannte Züricher Professor Dr. August Forel, „glaube ich behaupten zu dürfen, dass im Grunde genommen nur eine Art der Erzeugung der Hypnose wissenschaftlich feststeht, nämlich, sei es durch Eingebung eines anderen, sei es durch Autosuggestion, die Erzeugung derselben durch Vorstellungen.

Die Möglichkeit unbewusster Suggestion oder Autosuggestion ist bei keiner der angeblichen oder scheinbaren anderen Erzeugungsarten der Hypnose mit wissenschaftlicher Sicherheit ausgeschlossen und erscheint sogar bei näherer Prüfung immer mehr als zweifellos vorhanden".

Es könnte demnach scheinen, als ob die Mesmerische Fluidtheorie zur Zeit vollständig erledigt sei. Dem ist aber nicht so. Die Suggestionstheorie mit ihrer verführerischen Klarheit vermag jedoch keine vollgültige Erklärung aller hypnotischen Erscheinungen zu liefern. So bleibt es beispielsweise unerklärlich, wie bei Mesmer und seinen Nachfolgern die hypnotischen Phänomene und der Somnambulismus auftraten, obwohl man keine dahingehende Suggestionen geben konnte. Anderseits haben neuere Forscher Versuche angestellt, die nicht durch die Suggestionstheorie restlos zu erklären sind und in weitem Ausmaße zu Gunsten des Mesmerismus zeugen. Professor Boirac berichtet in seiner „Psychologie inconnue" (Paris 1908) von Versuchen, in denen er nicht nur unabhängig von Suggestionen mesmerische Wirkungen erzielte, sondern sogar solche, die im Gegensatz zu den erteilten Suggestionen standen. Boirac kennt die Klippen der Suggestion sehr wohl und hat versucht, alle durch sie erzeugten Fehler zu umgehen. Anderseits hat Alrutz in seinem Buche: „Neue Strahlen des menschlichen Organismus" (Stuttgart 1924) zahlreiche Versuche beschrieben, die gleichfalls das Vorhandensein einer Handstrahlung beweisen. Wir verweisen sodann noch auf den französischen Forscher de Rochas, der durch seine aufsehenerregende Versuche nachgewiesen hat, dass in der Hypnose oder auch sonst ein Fluid ausgeschieden werden könne und das auf Wasser, Wachs, fotografische Platten und sonstige Substanzen übertragen werden kann. Berührung dieser mit Fluid geladenen Zwischenträger werden von der Versuchsperson als eine direkte körperliche Berührung empfunden.

Wir haben bereits früher darauf hingewiesen, dass in letzter Zeit von verschiedener Seite Laboratoriumsversuche angestellt worden sind, so namentlich von dem russischen Physiologen A. Gurwitsch, von Dr. med. T. Reitter und Dr. Ing. Gabor, welche eindeutige Beweise zu Gunsten der biologischen Radioaktivität erbrachten. Die fernwirkenden Ausstrahlungen des menschlichen Körpers sind in den letzten Jahren auch noch von anderer Seite mit exakten wissenschaftlichen Methoden einwandfrei nachgewiesen worden. Professor Sauerbruch konnte mit feinen Registrierinstrumenten elektrische Fernwirkungen des menschlichen Körpers feststellen. Der italienische Professor Cazzamali wieder konnte eine Art Radiowellen aus dem menschlichen Gehirn, das sich gerade schöpferisch betätigt, mit den Kopfhörern abhorchen. Zuletzt hat in der angesehenen wissenschaftlichen Zeitschrift „The Medical Herald“ Professor Watters über seine einschlägigen Forschungen berichtet. Prof. Watters konstruierte einen Apparat nach Art eines Detektors mit Verstärkeranlagen, der die subtilste Messung radioaktiver Strahlen ermöglicht. In bunter Reihe wurden dem Apparat nun verschiedene Naturobjekte vorgelegt. Während leblose Gegenstände, sofern sie kein Radium enthielten, keinen Ausschlag gaben, registrierte der Apparat Watters bei allen lebenden Proben aus der Tier- und Pflanzenwelt charakteristische Ausstrahlungen. Jede Frucht zum Beispiel hat ihre eigene Strahlung. Äpfel, Birnen, Orangen unterscheiden sich typisch in der Art ihrer Radioaktivität. Die Eigenart der Strahlung ist so ausgeprägt, dass man allein mit Hilfe des Strahleninstrumentes zu erkennen vermag, ob Äpfel oder Birnen gerade „senden“. Watters dehnte nun seine Versuche auf die Radioaktivität des Menschen aus. Wie zu erwarten war, bildet der menschliche Körper keine Ausnahme. Gleich den pflanzlichen und tierischen Organen kommt auch ihm die biologische Radioaktivität zu. Die Ausstrahlung der einzelnen Körperteile des Menschen ist nicht von derselben Intensität. In erstaunlichem Einklang mit der Behauptung der Reichenbach´schen Odlehre und der Theorie des Mesmerismus erwiesen sich als stärkste Strahler die menschlichen Hände, zumal die Fingerspitzen. Die radioaktiven Ausstrahlungen der Hand gehen glatt durch feste Körper hindurch.

Watters hat die Durchdringungskraft dieser von der Menschenhand ausgesendeten Strahlen genau bestimmt. Anderseits hat ein deutscher Gelehrter, Prof. Dr. Otto Rahn, an dem Bakteriologischen Laboratorium zu Corwell (U.S.A.) nachgewiesen, dass dem menschlichen Organismus Strahlen entströmen, die imstande sind, eine Hefekultur im Wachstum zu hemmen und schließlich zum Absterben zu bringen. Rahn konnte feststellen, dass Kulturen von Hefezellen abstarben, wenn sie den Handstrahlen seiner Assistentin ausgesetzt waren. Die gleiche Einwirkung glaubte Rahn dem menschlichen Blick zuschreiben zu können.

In diesem Zusammenhang verdienen auch die Experimente des englischen Augenarztes Dr. Charles Ruß aus Oxford erwähnt zu werden, worüber auf dem Ophthalmologenkongress zu Oxford (Juli 1921) berichtet wurde. Dr. Ruß hatte festgestellt, dass die Strahlen, die dem Auge entströmen, ebenso materieller Art sind wie die Lichtstrahlen, die man in jedem Optikerladen die bekannten kleinen Sonnenmühlen treiben sieht. Dr. Ruß hat einen Apparat erfunden, der es ermöglicht, die aus dem menschlichen Auge dringende Strahlung direkt nachzuweisen und auf ihre Stärke hin zu messen. Die Apparatur des Dr. Ruß besteht aus einem Glasgefäß, in welchem an einem feinen Kokonfaden eine leichte Glimmerspule von 15 cm Länge und 5 cm Durchmesser hängt, deren beide Enden mit ganz feinen Kupferdraht umwickelt sind und ein winziger Magnet derart angebracht ist, dass er dies Solenoid jederzeit wieder in seine ursprüngliche Lage zurückbringt. Das Gefäß trägt an zwei gegenüberliegenden Seiten der Außenwand metallische Beläge, die, der eine positiv, der andere negativ, elektrisch geladen werden, so dass sich also die Glimmerspule in einem elektrischen Feld befindet. Die beiden Metallbeläge bedecken aber nicht das ganze Gefäß. Es bleiben vielmehr durchsichtige Stellen, durch welche der Blick die Spule erreichen kann. Dr. Ruß zeigte nun experimentell, dass die Spule nach der einen Seite hin ausschlug, wenn er ihr ein Ende fixierte, nach der andern Seite, wenn er das andere Ende betrachtete, dass sie dagegen unbeweglich blieb, wenn er ihre Mitte ins Auge fasste. Hierdurch ist die Tatsache erwiesen, dass ein metallischer Körper in einem elektrostatischen Felde von bekannter Stärke durch den Blick um eine genau messbare Größe bewegt werden kann. Man kann jedenfalls genau diejenige Elektrizitätsmenge angeben, durch welche sich die gleiche Bewegung der aufgehängten Spule hätte erzielen lassen. Die Versuche sind damit auf das exakte physikalische Gebiet gebracht und alle Vermutungen und willkürliche Annahmen scheiden aus. Einen ausführlichen Bericht über seine Experimente hat Dr. Ruß in der Zeitschrift „The Lancet“, dem angesehensten medizinischen Fachorgan englischer Sprache, veröffentlicht.

Wenn auch heute in der offiziellen Wissenschaft inbezug auf die Hypnose Bernheims Suggestionstheorie noch immer vorherrschend ist, so beweisen doch die vorerwähnten Versuche aus den letzten Jahren, dass die Frage des Mesmerischen Fluids noch keineswegs in negativem Sinne endgültig entschieden ist. So mag denn vielleicht auch A. Caillet Recht haben, wenn er in seinem Buch „Traitement Mental“ (S. 272) schreibt: „Wir haben die vollkommene Gewissheit im Richtigen zu sein, wenn wir einerseits zwischen Mesmerismus und Hypnotismus unterscheiden und letzteren wiederum als völlig verschieden von der Suggestion erklären.“

Über die supernormalen Phänomene der Levitation

Eine Studie
von Dr. Gustav Edler von Gaj

Eins der interessantesten Phänomene, die uns die Geschichte verbürgt und die auch bei modernen spiritistischen Experimenten beobachtet wurden, ist das Phänomen der Levitation, d. h. das Wechseln des Gewichtes gewisser Personen in außergewöhnlichen, „Extasen“ genannten psychischen Affekten, selbst bis zu dem Grade, dass sie ohne jedweden sichtbaren Beweggrund zu schweben beginnen.
Darüber erteilt William Crook es in der englischen wissenschaftlichen Zeitschrift „Quarterly Journal of Science“ unter dem Titel: „Ein Bericht über die Erforschung der sogenannten spiritistischen Phänomene durch den Zeitraum vorn Jahre 1870 bis 1873 folgenden Bericht: „Es geschah in vierfacher Gelegenheit in meiner Anwesenheit, inwiefern ich selbst urteilen kann, und ich habe das fragliche Phänomen genau festgestellt. Bei einer Gelegenheit sah ich, wie sich der Sessel samt einer darauf sitzenden Dame um einige Zoll hoch vom Boden erhob. Bei einer anderen Gelegenheit kniete die erwähnte Dame auf dem Sessel, um dem Verdacht, dass sie es künstlich ausführen könnte, vorzubeugen und es waren alle vier Füße des Sessels gut zu sehen. Bei dieser Gelegenheit erhob sich der Sessel um vier Zoll hoch, schwebte in dieser Stellung zehn Sekunden lang und senkte sich alsdann langsam zum Boden zurück. Bei dritter Gelegenheit erhoben sich bei hellem Tage zwei Kinder mit ihren Sesseln bei sehr günstigen Bedingungen: Ich kniete nämlich neben den Sesselfüßen und sah, dass niemand dieselben berührte.
Die schönsten von solchen Fällen beobachtete ich bei Herrn Home. Ich sah ihn mehrmals ganz frei in der Luft schweben. Über dieses Schweben Homes gibt es hunderte verschiedener Berichte von hunderten verschiedenen Personen, mir wurden aber außerordentlich eklatante Fälle vom Grafen Dauraven, Lord Lindsay und

Hauptmann Wynne, die sie gesehen hatten mitgeteilt."
Einige solche Levitationsfälle habe ich in meinem Werke „Aus der geheimnisvollen Welt" angeführt, wer sich aber überzeugen will, wie viele Male solches Schweben durch gelehrte und glaubwürdige Männer verbürgt worden ist, der soll das Werk Aksakows „Animismus und Spiritismus", sowie das Werk Cäsar Ritter Baudis de Vesme „Die Geschichte des Spiritismus" lesen. Da ich es auch selbst erlebt habe, dass sich bei einer meiner Seancen der Tisch von selbst erhob und bei dreifacher Gelegenheit mit ganzer Kraft gegen den Boden stürzte, ohne dass ihn jemand berührt hätte, so hat mich dieses Phänomen von der Glaubwürdigkeit der erwähnten Berichte ganz überzeugt, ohne Rücksicht darauf, dass es schwer zu glauben ist, dass ein Gelehrter vom Weltrufe, wie es Crook es ist, unter seiner Gelehrtenautorität eine Lüge verbürgen würde. Übrigens bestätigen aus der Autopsie solche Phänomene beinahe alle Verfechter des Okkultismus.
Inzwischen sind Phänomene angeführter Art auch in der Geschichte wohl bekannt, nur hat die moderne Wissenschaft mit Rücksicht auf ihre Erfahrungsbeschränktheit die Glaubwürdigkeit diesbezüglicher Berichte verworfen. Es wurde durch unzählige glaubwürdige Zeugnisse verbürgt, dass sich der heilige Franz, die heilige Therese, der heilige Ignaz Loyola u. a. in extatischen Zustand geraten hoch in die Luft erhoben. Dasselbe wird von Simon Magus und den indischen Fakiren behauptet. Der Karmelitaner Dominicus wurde in Anwesenheit des spanischen Königspaares, sowie des ganzen Hofes in die Luft erhoben. Als der König Philipp II. gegen Dominicus blies, bewegte sich sein Körper in der Richtung des Luftzuges. Die heilige Agnes schwebte mehrere Tage hindurch wie tot in der Luft, und wenn jemand gegen sie blies, oszillierte (schwankte) ihr Körper. Giordano Bruno verbürgt die Levitation des Thoma von Aquinus. Damis verbürgt, in Indien Brahmanen gesehen zu haben, wie sie in der Luft schwebten. Als der Herzog Friedrich von Braunschweig im Jahre 1650 nach Assisi kam, sah er, wie sich Giuseppe Copertino während derselbe die Messe las, in die Luft erhob, und dieses

angebliche Wunder bewegte ihn, zum Katholizismus überzutreten. Jacolliot bezeugt, dass Levitationsphänomene beim Fakir Cowidasamy, der nur mit einer Hand gegen seinen Stock gestützt schwebte, und zwar die Beine dem orientalischen Brauche nach gekreuzt, und einige Zeit ruhig in dieser Stellung etwa 2 Fuß hoch über dem Boden blieb. Beim Verabschieden blieb er bei der Tür stehen und erhob sich nun ohne irgend eine Stütze, die Hände an der Brust gekreuzt, etwa 30 cm hoch und blieb in dieser Stellung etwa fünf Minuten lang.

Und mit solchen der Geschichte entnommenen Beispielen könnte ich noch ins Unabsehbare die Sache in die Länge ziehen, glaube aber, dass auch das Angeführte hinreichen wird, um dieses Phänomen genügend konstatiert zu erachten. Ein Vertreter der offiziellen Wissenschaft behauptet und wird behaupten, dass es unmöglich sei, weil es dem Naturgesetz der Schwerkraft oder Gravitation widersteht. Und mich dünkt, dass die Vertreter der offiziellen Wissenschaft, indem sie auf diese Weise argumentieren, es nicht scharfsinniger tun, als es eine Person täte, die keine Idee von Luftschiffen hätte und die Möglichkeit bestreiten würde, obgleich es ihr auch unzählige Leute aus Autopsie bezeugen würden, indem sie sich auf das Naturgesetz der Gravitation berufen und demgemäß ein solches Phänomen als unmöglich erklären würde. Ein wirklich scharfsinniger Mensch dagegen, wenn er von Tatsachen hört, die dem Anscheine nach einem Naturgesetz widersprechen, wird sie nicht a priori verwerfen, besonders in jenem Falle nicht, wenn sie durch eine Menge glaubwürdiger Zeugnisse bestätigt sind, wird sich aber, inwiefern er von der Möglichkeit dieser Tatsachen noch immer nicht überzeugt ist, Mühe geben, um sich de visu von ihrer Richtigkeit zu überzeugen, und wenn er sich einmal davon überzeugt hat, wird er nicht an seinem Verstande zweifeln und das Geschehene als Vision oder Halluzination erklären, sondern den Schluss ziehen: Dass entweder die Natur und Beschaffenheit des betreffenden Naturgesetzes noch nicht genügend bekannt sind oder dass es bei diesen Phänomenen Wirkungen gibt, die die Wirkungskraft eines bekannten

Naturgesetzes beheben, ebenso wie es z. B. beim Gase in einem Luftschiffe dem Naturgesetz der Gravitation gegenüber der Fall ist.

Wenn wir also die Überzeugung von dem wirklichen Bestehen des vorher erwähnten Phänomens gewonnen haben, dann werden wir uns die Frage stellen müssen, ob nicht dieses Phänomen eben deswegen, da es scheinbar dem Naturgesetze der Gravitation widerspricht, zur besseren Kenntnis der Natur und des Wesens des Naturgesetzes der Gravitation etwas beitragen könnte. Bis jetzt wissen wir nicht, was die Gravitation an und für sich ist, sondern allein, welche Wirkungen sie hervorbringt. Übrigens gibt es Gelehrte, besonders Astronomen, die die Gravitation als ein elektromagnetisches Phänomen erachten. Die Phänomene der Levitation werden aber in Wirklichkeit verständlich und ganz und gar natürlich, wenn wir uns vorstellen, dass die Gravitation nichts weiter ist als ein elektromagnetisches Phänomen.

Heutzutage ist es eine wissenschaftlich festgestellte Tatsache – ohne Rücksicht auf Mesmer und seine Schüler – dass dem Menschen der tierische Magnetismus, nach Reichenbach „Od“ genannt, innewohnt. Außer ihm hatten für die Existenz desselben der Arzt des Pariser Spitals Dr. Luys und der bedeutende französische Gelehrte de Rochas Beweise geboten, und Dr. med. J. N. Jodko, ein russischer Arzt, hat diesen tierischen Magnetismus oder Od mittels Röntgenschen Strahlen fotografiert und in einer Versammlung seiner Kollegen Fotografien verschiedener Hände gezeigt, mit deren Hilfe er feststellte, dass aus den Fingerspitzen Lichtstrahlen entströmen und mit solchen, den Fingerspitzen der Hände einer sympathischen Person entströmenden Lichtstrahlen verschmelzen, von den aus den Fingerspitzen ausströmenden Strahlen der Hände einander antipathischer Personen sich abstoßen, während diese Strahlen bei gleichgültigen Personen indifferent bleiben. Kranken Körperteilen des Menschen entströmen keine Strahlen, ebenso verhält es sich bei einer Leiche. Dr. med. M. Pogorjelskij, Arzt in Petersburg, setzte diese Forschungen fort und benannte das Od „polare Energie“, wie ich es in meiner Abhandlung „Über die Telepathie“ ausführlich

begründet habe.
Dr. Luys hat konstatiert, dass jeder menschliche Körper polarisiert ist, und zwar an seiner rechten Seite positiv, so dass derselben rote Lichtstrahlen entströmen, an der linken negativ, mit blauen Lichtstrahlen während die Mitte neutral ist und gelbe Lichtstrahlen emaniert. Dies war übrigens den Okkultisten nach Beobachtungen von Somnambulen schon seit Mesmer, also vor mehr als 100 Jahren bekannt. Es folgt also daraus, dass wir Menschen Wesen elektromagnetischer Natur sind, wovon zwar die offizielle Wissenschaft keine Ahnung hat, geschweige aber, dass sie es wisse und wenn es Phänomene gibt, die beweisen, dass bei gewissen Geistesstimmungen der menschliche Körper an seinem Gewichte verliert, bei anderen wieder gewinnt, so befestigen diese Phänomene die Richtigkeit der erwähnten Hypothese über die Natur der Gravitation. Die eben erwähnte Tatsache wurde mehrmals bei spiritistischen Seancen ganz exakt konstatiert, besonders aber durch die in den „Psychischen Studien" No. 1 Bd. 1893 erschienenen Berichte über gemeinschaftliche vom Astronomen Schiapparelli, dem Universitätsprofessor der Philosophie Brofferio, dem Universitätsprofessor der Physik Dr. Gerosi, dem Universitätsprofessor der Physik Dr. Ermacor a, Dr. phil. Karl du Prel, Dr. phs. finzi und Dr. Aksakow abgehaltene Seancen, die das Wechseln des Gewichts beim auf einer Wage (und zwar nach dem Wunsche der der Seance beiwohnenden Personen) befindlichen Medium konstatiert haben, was uns auch Dokumente über mittelalterliche Prozesse gegen Hexen bezeugen, aus denen hervorgeht, dass diese armen Opfer des menschlichen Unwissens und menschlicher Bosheit im Erregungszustande an ihrem normalen Gewichte viel verloren.
Die erwähnten Phänomene bezeichnete die Religion als „Wunder", und die Wissenschaft, weil sie dieselben nicht erklären konnte, verneinte ihr Bestehen und ihre Möglichkeit, ebenso wie sie einst das Herabfallen der Meteore, die Bewegung der Erde um die Sonne, die Blutzirkulation usw. verneint hatte. Es sei mir erlaubt, keiner dieser falschen Anschauungen zu folgen, sondern zu trachten, auf Grund

der oben dargelegten Voraussetzungen dieses tatsächliche Phänomen zu erklären und somit zu beweisen, dass es sich hier weder um ein Wunder noch um etwas Unmögliches handelt.

Ampere, dieser tiefsinnige französische Gelehrte, hat bewiesen, dass die Elektrizität und der Magnetismus identische Kräfte sind, d. h., dass der Magnetismus nichts anderes ist, als ein im Eisen kreisender galvanischer Strom. Er legt seine Theorie vom Magnetismus folgendermaßen dar:

Magnetische Gegenstände, besonders das Eisen, bilden den Sitz elektrischer Ströme, die ununterbrochen jedes Eisenmolekül umkreisen. Im gewöhnlichen Eisen kreisen diese Ströme in verschiedenen Richtungen, so dass sie in ihrer Wirkung einander aufheben. Sobald wir aber demselben einen Magnet oder einen elektrischen Strom annähern, ordnen sich diese Ströme um einzelne Moleküle in derselben Richtung, wie in Solenoidkurven, und das Eisen wird magnetisch. Jene Stromteile, die sich nebeneinander befinden, laufen in entgegengesetzter Richtung und heben sich gegenseitig auf, weshalb auch der Magnetismus nur auf der Oberfläche des Magnets seine Wirkung ausübt. Die Richtigkeit dieser Theorie wird mit einem Solenoid, welches Eigenschaften gleich denen eines gewöhnlichen Magnets zeigt, exakt bewiesen. Es stellt sich in den magnetischen Meridian ein, nimmt die gleiche Deklination und Inklination an, und die gleichnamigen Pole /+ und + sowie − und −/ des Solenoids stoßen sich ab, die entgegengesetzten ziehen sich an.

Arago hat bewiesen, dass das Eisen, wenn wir es auf einen gewöhnlichen galvanischen Strom legen, zum Magneten wird und zwar zur linken Hand des Ampreschen Schwimmers. Im November 1831 hat Faraday die sogenannten Induktionsströmungen erfunden, für welche folgende exakt bewiesene Regeln bestehen:

I. Der galvanische Strom oder der Magnet ruft durch Induktion in einem nächstliegenden Draht einen Strom von entgegengesetzter Richtung hervor:

1. wenn der galvanische Strom beginnt, d. h., der Magnetismus

im Eisen zu wirken anfängt,
2. wenn man den Strom oder den Magnet dem Drahte nähert,
3. wenn der Strom oder der Magnetismus verstärkt wird.

II. Der galvanische Strom oder der Magnet ruft im nächstliegenden Draht einen gleichnamigen Strom hervor:
1. wenn er zu kreisen aufhört, beziehungsweise, wenn man den Magnet vernichtet,
2. wenn man den Draht vom Strom oder vom magnetischen Pol entfernt,
3. wenn die Kraft des Stromes oder des Magnets geschwächt wird.

Endlich hat Ampere auch konstatiert, dass der künstliche Magnet den galvanischen Strom senkrecht auf die Axe stellt, während sich die Solenoidströme immer senkrecht auf den magnetischen Meridian stellen, und zwar in der Richtung von Osten nach Westen, und hat darnach den Schluss gezogen, – da er außerdem konstatiert hatte, dass sich die galvanischen Ströme von gleicher Richtung anziehen, während sich die von entgegengesetzter Richtung abstoßen –, dass der Magnetismus der Erde nichts anderes ist, als ein von Osten zu Westen fließender galvanischer Strom, der demgemäß solenoidische und magnetische Ströme in dieselbe Richtung bringt, so dass er das Solenoid und den Magnet zwingt, sich in den magnetischen Meridian zu stellen.

Wilhelm Weber, ein deutscher Gelehrter, hat diese Idee in seiner Abhandlung: „Über die Bewegung der Elektrizität in Körpern von molekularer Konstitution“ (Poggend. Annalen 156. Heft, S. 1 bis 66, 1875) weiterentwickelt, und ich werde mir erlauben, aus dieser Abhandlung folgende für unser Problem wichtige Gedanken zu reproduzieren: „Man teilt alle ponderabeln Körper in feste, flüssige und luftförmige, und unterscheidet Statik und Dynamik dieser Körper, je nachdem man sie im Ruhe- oder im Bewegungszustande betrachtet. Indem man aber in der Statik dieser Körper von ihrem Ruhezustande spricht, bezeichnet man damit keineswegs einen Zustand der Ruhe aller in den Grenzen dieser Körper eingeschlossenen ponderabeln Teile. Ohne diese Beschränkung würde niemals vom Ruhezustand eines Körpers gesprochen werden können, weil in jedem Körper außer seinen ponderabeln Teilen noch andere Teile enthalten sind, die nie zur Ruhe kommen.

Denn erstens hat die genauere Erforschung aller an ponderabeln Körpern beobachteten elektrischen Erscheinungen dahin geführt, dass im Innern aller dieser Körper (auch sogenannter fester und in Ruhe befindlicher) bewegliche Teile vorhanden sind, nämlich elektrische, und dass die Bewegungen dieser Teile im Innern jener Körper der Grund aller galvanischen und elektrodynamischen Erscheinungen und Wirkungen jener Körper seien.

Zweitens hat die genauere Erforschung aller an ponderabeln Körpern beobachteten magnetischen Erscheinungen, sowohl der paramagnetischen, als auch der diamagnetischen, ebenfalls dahin geführt, dass im Innern aller dieser Körper bewegliche Teile vorhanden seien, welche man lange Zeit unter dem Namen der magnetischen Fluida von jenen ersteren, nämlich von den elektrischen, zu unterscheiden versucht hat. Von diesen magnetische Fluidis wurde behauptet, dass sie im Innern der Körper nach Verschiedenheit der Verhältnisse verschieden verteilt sein könnten, dass sie aber unter beharrlichen Verhältnissen zu Ruhe und Gleichgewicht gelangten. In der Verteilung dieser magnetischen Fluida liege der Grund der magnetischen Erscheinungen, ohne dass es dazu fortdauernder Bewegungen derselben bedürfe. Doch hat die weiter geführte Untersuchung ergeben, dass in solchen ruhenden magnetischen Fluidis, wie sie auch verteilt sein mögen, nicht der Grund von allen magnetischen Erscheinungen (paramagnetischen und diamagnetischen) liegen könne; dass aber alle diese Erscheinungen aus dem Vorhandensein fortwährend bewegter Teile im Innern der ponderabeln Körper erklärt werden können, und zwar der nämlichen Teile, deren Bewegungen der Grund aller galvanischen und elektrodynamischen Erscheinungen und Wirkungen sind, nämlich der elektrischen.

Drittens kommt endlich noch hinzu, dass auch die Erforschung der jedem ponderabeln Körper zukommenden Temperatur dahin geführt hat, dass im Innern aller dieser Körper bewegliche Teile vorhanden sind, und dass der Grund aller an diesen Körpern beobachteten Temperaturerscheinungen, d. i. die Wärme in Bewegungen dieser Teile bestehe. Sind nun die in allen ponderabeln Körpern enthaltenen beweglichen Teile, deren Bewegungen der Grund aller galvanischen Wirkungen sind, keine anderen Teile, als diejenigen, deren Bewegungen der Grund aller magnetischen Wirkungen (paramagnetischen und diamagnetischen) sind, so ist die Vermutung sehr nahe gelegt, dass auch die in allen ponderabeln Körpern enthaltenen Teile, deren Bewegung Wärme ist, identisch seien mit den im Innern der ponderabeln Körper enthaltenen Teilen, deren Bewegung magnetismus ist, folglich auch identisch mit den im Innern der ponderabeln Körper enthaltenen Teilen, deren Bewegung Galvanismus ist. Wenn man nämlich auch im Innern der Körper das Vorhandensein von Teilen, die sich bewegen, während die ponderabeln Teile in Ruhe verharren, im allgemeinen zugeben muss, so wird man doch viel mehr Bedenken tragen, das Vorhandensein mehrerer Arten solcher Teile, und zwar in jedem kleinsten Körperteile, anzunehmen, die von einander gehörig zu sondern und jede einzeln genauer zu erforschen, wenig Aussicht vorhanden sein würde. Diese vermutete Identität wird nun auch durch Tatsachen bestätigt, die in folgendem näher betrachtet werden sollen.“

Auf denselben Standpunkt stellte sich C. Neumann im Werke: „Explicare tentatur, quomodo fiat ut lucis planum polarisationis per vires electricas vel magneticas declinetur“. (Halis Saxorum 1858.) Dieser Standpunkt über die Identität des Elektrizitäts-, Magnetismus-, Wärme- und Lichtträgers (welche Erscheinungen sich bloß durch verschiedene Ätherschwingungen unterscheiden) ist heutzutage durch die Vertreter der physikalischen Wissenschaft allgemein angenommen worden: Aus den Beobachtungen und Erforschungen aller verschiedenartigen Wirkungen der Elektrizität, des Magnetismus, der Wärme und des Lichtes ist man zur Hypothese gekommen, dass diejenigen ursprünglichen Elemente, aus denen zwei materielle Körper zusammengestellt sind, mit jenen beiden Arten von Atomen, die man als notwendig voraussetzt, um die statischen und dynamischen Elektrizitätserscheinungen erklären zu können, identisch sind.

Diese Atome haben die Physiker mit „+ e“ und „– e“ bezeichnet und ihnen jene in die Ferne wirkende Kraft verliehen, infolge welcher sich die Atome gleichnamiger Elektrizität gegenseitig abstoßen und die der ungleichartigen anziehen. Diese Kräfte werden im Abstoßen und Anziehen zweier mit Elektrizität geladener Körper im Ruhestande betrachtet und als statisch-elektrische Phänomene bezeichnet, während, wenn sich diese Teilchen im Zustande relativer Bewegung befinden, sie solche Modifikationen der statischen Kraft verursachen, dass durch ihre Vermittlung alle Erscheinungen der strömenden Elektrizität, sowie die magnetischen und diamagnetischen Phänomene erklärt werden können, dann wird diese Art von Erscheinungen „dynamoelektrische Erscheinungen“ genannt.

Bei der Wechselwirkung der elektrischen Teilchen + e und – e sind drei statische Potentiale zu unterscheiden, nämlich zwei repulsive zwischen gleichartigen Teilchen und ein attraktives Potential zwischen ungleichartigen Teilchen. Der Professor der Berliner Universität, der Astrophysiker Dr. Zöllner, hat eine Hypothese gestellt, die er im vorher erwähnten Werke wissenschaftlich begründet hat, nach welcher vorauszusetzen ist, dass das attraktive Potential zwischen den Teilchen + e und – e für die Größe „a“ größer ist, als das repulsive zwischen den Teilchen + e und – e, sowie zwischen – e und – e. Aus dieser Prämisse ergibt sich für jede binäre Verbindung der elektrischen Teilchen + e und – e eine attraktive Fernwirkung sowohl auf ein einzelnes positives Teilchen + e, als auch auf ein einzelnes negatives Teilchen – e, folglich auch auf die Verbindung zweier solcher Teilchen, d. h. auf das binäre Aggregat eines Ampreschen Molekularstromes.

Bei der statischen Wechselwirkung zweier binären Verbindungen oder zweier Paare von entgegengesetzt elektrischen Teilchen unterscheidet man vier Kombinationen von Potentialen, von denen

zwei eine attraktive und zwei eine repulsive Fernwirkung zwischen diesen beiden binären Verbindungen erzeugen.
Da aber der Zöllnerischen Voraussetzung gemäß die attraktive Fernwirkung zweier entgegengesetzt elektrischen Teilchen die repulsive Wirkung zweier gleichartigen elektrischen Teilchen in der Einheit der Entfernung um die Größe „a“ übertrifft, so ergibt sich allgemein für die statische Wechselwirkung zweier Amperescher Molekularströme in der Einheit der Entfernung eine attraktive Wirkung von der Größe 2 a. Da diese Größe eine statische Resultante elektrischer Kräfte ist, so muss sie notwendig den Gesetzen der statisch-elektrische Fernwirkungen unterworfen sein, d. h. sie muss umgekehrt proportional den Quadraten ihrer Entfernung sein. Diese Eigenschaften der attraktiven Resultanten der statischen Elektrizität sind aber identisch mit den Eigenschaften der allgemeinen Gravitation der Materie, was bewiesen werden sollte.
Auf diese Weise hat Dr. Zöllner die Gravitation aus der statischen Wechselwirkung elektrischer Kräfte erklärt. In meinem in der 3. Nummer der „Psychischen Studien“ vom J. 1898 aufgestellten Versuche einer wissenschaftlichen Erklärung des Levitationsphänomens habe ich die Levitation nicht nach dieser Theorie über die Elektrizität, sondern nach der Franklinschen unitären Theorie erklärt, nach welcher nur die positive Elektrizität als strömend betrachtet werden muss, während der ponderabeln Körpermasse neben der Gravitationsfernwirkung alle Eigenschaften negativ elektrischer Körper, deren Elemente mit dieser Art Elektrizität eng verbunden sind, verliehen werden. Mosotti hat indes bewiesen, dass diese unitäre Theorie Franklins theoretisch und analytisch zu gleichen Resultaten führt, wie die dualistische Theorie Dufays und Coulombs.
Nach dem Erwähnten ist, wenn man sich an die unitäre Theorie Franklins hält, jede Kraft positiv elektromagnetischer Natur. Alle Kräfte aber, denen man nicht nur auf der Erde, sondern auch im Weltall begegnet, sind nur Variationen ein und derselben Kraft in ihren verschiedenen Beziehungen zur Materie. Meiner Meinung nach ist diese Kraft der Wille Gottes, d. h. ich kann mir diese Grundkraft

logisch nicht anders als intelligent vorstellen, denn, wenn sie unbewusst wäre, so wüsste ich nicht, durch welchen Prozess und in welchem Momente sie sich in lebenden Wesen in eine bewusste Kraft umwandeln könnte.

Die Materie aber, d. h. das, was nicht als Kraft erscheint, ist negativ elektromagnetischer Natur.

Im Menschen repräsentieren die Kraft, der Geist und die Seele als Träger des Willens, d. h. der Kraft in organischer Projektion. Da sich unter dem Begriffe Geist oder Seele im philosophischen Sinne immer etwas durchaus Unsubstanzielles versteht, so muss ich darauf hinweisen, dass ich, indem ich in dieser Abhandlung vom Geiste oder von der Seele spreche, nur jenen Teil dieses Begriffes meine, dessen Existenz von de Rochas, Dr. Luys, Dr. I.N. Jodko und Dr. Pogorjelskij exakt bewiesen worden ist und den Freiherr v. Reichenbach Od genannt hat, welcher Träger unseres Empfindens ist, wie ich es schon vorher begründet habe. Nach dem Erwähnten ist die Verbindung zwischen Seele und Körper eine natürliche und basiert auf dem Gesetze der elektro-magnetischen Anziehungskraft.

Die Gravitation ist als Kraft natürlich auch positiv elektromagnetisch. Daher zieht die Gravitation die Materie, den Stoff, also den Körper an, stößt aber die Kraft, d. h. den Geist und die Seele, ab. Je mehr also unser Geist oder unsere Seele über den Körper, den Stoff, prävalieren wird, desto mehr wird sich die Gravitation aus einer anziehenden in eine abstoßende Kraft verwandeln, und da gerade in extatischen Fällen der Geist vollkommen den Stoff beherrscht, so wird sich gerade in solchen Fällen nach dem Maßstabe des Prävalierens des Geistes über die Materie die Kraft der Gravitation in ihrer abstoßenden Wirkung zeigen. Man ersieht also daraus, dass das Schweben des Menschen in extatischen Zuständen dem Naturgesetze der Gravitation keineswegs zuwiderläuft, sondern dass es im Gegenteil als eine natürliche Folge der Natur und des Wesens dieser Naturkraft zu betrachten ist.

Das Sich-Erheben aber materieller Gegenstände, wie Tische, Sessel usw., erkläre ich damit, dass die betreffenden Gegenstände während der Seance mit positiver Elektrizität infiltriert werden. Falls und inwiefern diese meine Hypothese richtig ist, gibt es keinen Zweifel darüber, dass eine menschliche Leiche schwerer sein wird als der menschliche Körper, solange sich noch das Leben, d. h. die Seele, in ihm befindet.

Auf diese Konsequenz meiner Hypothese hat mich Herr Dr. phil. Emil von Krasnicki durch einen Brief, den ich hier auszugsweise reproduziere, aufmerksam gemacht: „Auch ich bin sehr geneigt, anzunehmen, dass der Sprachgebrauch buchstäblich recht hat, wenn von gehobener oder schwermütiger Stimmung gesprochen wird. Dass das ganz unglaubliche Gewicht eines Toten nur eine Täuschung infolge der Starrheit, Kälte usw. des betreffenden Körpers zuzuschreiben sein soll, wie das in jedem Schulbuch der Physik zu lesen ist, möchte ich mir ebenfalls zu bezweifeln erlauben. Es heißt zwar, dass dies alles bombenfest sichergestellt und experimentell nachgewiesen sei, doch besitze ich nicht mehr das unbegrenzte Vertrauen auf die unbedingte Gewissenhaftigkeit der modern-exakten Naturwissenschaftler, um nicht für möglich zu halten, dass man solche Untersuchungen, wenn überhaupt, so doch nicht mit vorurteilsfreier Kritik durchgeführt habe, da es sich um eine scheinbar a priori feststehende und gar nicht anders mögliche Tatsache handle. Ist es nun auch sehr schwer, solche Experimente bei Menschen durchzuführen, so wäre es doch leicht möglich, diesbezügliche Tierversuche vorzunehmen, da ja auch bei Tieren dieselben Erscheinungen, wenn auch wahrscheinlich im geringeren Grade, sich zeigen müssten. Die betreffenden Tiere müssten vor der Tötung genau gewogen, dann rasch und ohne Blutverlust, wohl am besten durch Elektrizität, getötet und nach dem Erkalten wieder genau gewogen werden.

Mein Vorschlag erscheint auf den ersten Blick kindisch naiv und drängt unwillkürlich die Bemerkung auf: „So was müsste ja den Leuten schon längst aufgefallen sein!“ – Bedenken Sie aber, dass gerade wir Okkultisten am besten wissen, wie viele solche „Kolumbuseier“ es in der heutigen Wissenschaftlerei noch gibt!“

Ich kann keineswegs behaupten, dass ich diesen Vorschlag Dr. Krasnickis als einen kindisch naiven betrachten könnte, sondern im Gegenteil als einen außerordentlich scharfsinnigen, und ich bin nun vollkommen überzeugt, dass Herr Dr. v. Krasnicki auf dem richtigen Wege ist. Denn erst vor einiger Zeit klagte vor mir ein hiesiger intelligenterer Bürger, dem die traurige Pflicht zugefallen war, einen Mitbürger mit Genossen zum Friedhofe im Sarge zu tragen, mit folgenden Worten: „Sie haben ja, Herr Doktor, den seligen B. gekannt und wissen, welch kleiner und schwächlicher Mensch er war. Sie können sich also unsere Überraschung vorstellen, wenn wir vier starke Leute seinen Sarg kaum zu heben und zu tragen vermochten."

Ich erinnerte mich dieser Worte, sobald ich den Brief Herrn Krasnickis gelesen hatte, und erst jetzt wurde mir klar, dass der fragliche Bürger recht haben konnte, als er vom unerwarteten Gewichte des Toten sprach.

„Der Glaube an das Schwererwerden der Toten", fährt Dr. v. Krasnicki fort, „ist wohl so alt, wie die Menschheit selbst, und heute noch bei allen nicht naturwissenschaftlich gebildeten Leuten so festgewurzelt, wie nur je. Einen Beweis dafür liefert der Umstand, dass in jedem physikalischen Schulbuche auf diesen „Aberglauben" hingewiesen und derselbe durch Täuschung infolge der Kälte und Starrheit des toten Körpers erklärt wird, welche Momente aber doch nur dann in Betracht kommen können, wenn es sich um eine direkte Berührung des betreffenden Körpers handelt.

Ist die Levitation tatsächlich richtig, dann sollte man nach menschlichem Ermessen die Kehrseite davon, nämlich das Schwererwerden völlig entseelter Körper, doch geradezu mit Sicherheit erwarten, und umgekehrt: Wäre ein Schwererwerden toter Körper nachgewiesen, so läge die Möglichkeit einer Levitation auf der Hand."

Diesen so scharfsinnigen Ausführungen Herrn Dr. v. Krasnickis habe ich nichts beizumerken, ausgenommen, dass ich dieselben im Ganzen annehme.

Im zweiten Buche des „Zivot“ vom Jahre 1900 befindet sich auf S. 69-71 eine Kritik dieses meines Werkes aus der Feder des geistreichen, aber leider zu früh verschiedenen serbisch-kroatischen Schriftstellers Herrn Janko Koharie. Seine sehr günstige und schmeichelhafte Kritik meines Werkes schließt Herr Koharie mit folgenden Sätzen: „Wer die Darlegungen Dr. von Gajs aufmerksam verfolgt hat, der wird sowohl den Scharfsinn als auch die Wahrscheinlichkeit seine Hypothese zugeben müssen. Wird er aber auch zu seinem Anhänger werden? Es ist da ein Grundstein vorhanden, auf welchem sich das ganze Gleichgewicht seiner Theorie stützt: Die Behauptung nämlich, dass aus der Hypothese logisch hervorgeht, dass die tote menschliche Leiche schwerer ist als der Körper des Menschen, solange sich das Leben, d. h. die Seele, in ihm befindet. Diese Behauptung ist von solcher Beschaffenheit, dass sie durch ein Experiment entweder widerlegt oder zweifellos bezeugt werden könnte: Mit dieser Behauptung würde die Hypothese Dr. von Gajs entweder wie ein Kartengebäude einstürzen oder zu einer wissenschaftlichen Wahrheit werden; und doch hat dieses argumentum ad hominem weder Dr. Gaj noch aber einer seiner Freunde, auf die er sich bezieht, ausgeführt. Das ist der einzige Mangel, wenn nicht vielleicht auch die Achillesferse dieses geistreichen Buches. Wie ich die vollkommene Gerechtfertigkeit und die präzise Logik sämtlicher Ausführungen des Herrn Schriftstellers zugeben muss, so sollte ich doch erwidern, dass es nicht eben so leicht zukommt, dieses Experiment auszuführen, wie er es sich vorgestellt, ja sogar, dass es ein sehr kompliziertes und schwieriges Experiment ist. Vor allem, wer wird und wie könnte man einen sterbenden Menschen abwägen? Weiters, wenn man es auch durchführen könnte und dürfte, wenn eine zweckmäßig konstruierte Wage erfunden wäre, müsste man jedoch in Betracht ziehen, dass bei sterbenden Menschen die physiologische polare Energie allmählich emaniert wird und infolgedessen der Unterschied des Gewichtes zwischen dem letzten Hauch eines noch lebenden Menschen und dem Momente, wo er zu einer Leiche wird, ein so minimaler sein wird, dass er mit einer gewöhnlichen Wage vielleicht nicht einmal konstatiert werden könntet.“

Nach dem Gesagten sollte man das ganze Krankenbett samt dem zu Tode kranken Menschen auf eine zweckmäßig konstruierte Wage bringen und vom Moment, wo er seinen Todeskampf beginnt, bis zur Zeit, wo sein Körper ganz kalt wird, jede Minute sein Gewicht genau konstatieren.

Da aber der Kranke indes abnimmt und infolgedessen leichter wird, so wäre auch deshalb das Experiment nicht exakt. Dies könnte man präziser mit einem gesunden, zum Tode auf elektrischem Stuhl verurteilten Menschen feststellen, wenn man den betreffenden Stuhl auf eine Wage brächte, so dass man den Delinquenten zuerst unmittelbar vor dem Tode und dann nochmals, nachdem er ganz kalt geworden und erstarrt ist, abwägte. Dass aber ein solches Experiment für Laien unausführbar ist, ist offensichtlich. Jedenfalls müsste man, wenn meine Hypothese feststeht, vom Momente angefangen, wo jemand eine rasch wirkende Todeskrankheit anfällt (inwiefern das Abnehmen des Kranken das Experiment nicht hemmen würde) eine allmähliche Gewichtszunahme bemerken.

Das „Neue Wiener Journal“ vom 26. Mai 1900 hat folgenden Artikel unter dem Titel: „Gewichtszunahme bei Sterbenden“ gebracht: „Die Zunahme des Gewichtes bei neugeborenen Kindern ist bekanntlich die Sorge jeder jungen Mutter, und im allgemeinen ist die Annahme auch durchaus berechtigt, dass der Säugling in einer gesunden Entwicklung begriffen ist, wenn er tüchtig „zunimmt“. Zuweilen aber kann man sich darin täuschen. Es kommen Fälle vor, wo das Kind regelmäßig zunimmt, aber doch von irgend einer ansteckenden Krankheit (Halsentzündung, Grippe oder dergleichen) befallen ist und stirbt, ohne an Gewicht verloren zu haben. Bei einigen Fällen tritt sogar geradezu eine plötzliche Gewichtszunahme wenige Tage vor dem Tode ein. Dies kommt bei kranken Säuglingen vor, deren Ernährungsverhältnisse seit einiger Zeit schlecht waren und die dann plötzlich in wenigen Tagen um mehrere Hundert Gramm an Gewicht gewinnen. Eine derartige Erscheinung ist dann das sichere Anzeichen

eines nahen Todes. Ein französischer Arzt hat neuerdings nach der Ursache dieses ungewöhnlichen Umstandes geforscht, aber keine genügende Aufklärung dafür finden können."
Ich glaube, dass ich nicht erst beweisen muss, wie diese Erscheinung in eine Levitationstheorie geradezu frappierend bekräftigt und wie leicht meine Theorie dieses sonst ganz unerklärliche Phänomen erklärt.
Außerdem möchte ich noch auf einige andere Erscheinungen hinweisen, die die Voraussetzung, dass eine menschliche Leiche schwerer ist, als sie es wäre, wenn sich in ihr das Leben befände (das gleiche Volumen des Körpers vorausgesetzt), bekräftigen.
So ist uns bekannt, dass das Wasser den Körper eines lebenden Menschen trägt, wenn er sich ganz starr verhält, wie es jeder gute Schwimmer weiß. Wenn wir uns auf den Rücken legen, wird uns das Wasser, besonders aber das Meer, wenn wir auch bewegungslos liegen, tragen. Da in diesem Falle ein Teil des Kopfes, sowie ein Teil des Körpers über der Wasseroberfläche liegen, so ist darin ein unzweifelhafter Beweis vorhanden, dass der Körper eines lebenden Menschen um einige Dekagramm leichter ist, als das verdrängte Wasser.
Der tote Körper aber sinkt zugrunde; und erhebt sich erst dann, wenn sich infolge chemischer Prozesse in ihm Gase entwickeln welche dann den Körper zur Oberfläche heben. Nach dem Gesagten ist der lebende Körper leichter und die Leiche schwerer, als das verdrängte Quantum Wasser. Es ist weiter bekannt, dass man an den medizinischen Fakultäten lernt (was mir Herr Professor Joseph Ubl, Autor zahlreicher Werke über Tierheilkunde und langjähriger Professor an der Wirtschaftsschule zu Krizevac, mitgeteilt hat), dass die Tatsache, ob ein Neugeborenes lebendig oder tot ist, auf die Weise konstatiert wird, dass man es ins Wasser legt. Sinkt nun der Körper, so ist dies ein Beweis, dass das Neugeborene tot ist, schwimmt aber der Körper auf der Oberfläche, so ist es ein Zeichen, dass es lebt."
Auch dieses Experiment beweist, dass der tote menschliche Körper

schwerer ist als der lebende. Schließlich kann neben obigen Beweisen für die Richtigkeit dieser Voraussetzung auch die Tatsache dienen, dass es im Volke die allgemeine Überzeugung ist, dass der Körper eines Toten schwerer ist als der eines lebenden Menschen, weil diese Überzeugung gewiss auf Erfahrungen beruht. Dass aber allgemeine Volksbeobachtungen zuverlässig sind, wenn auch die Erklärungen vielleicht falsch sind, ist eine bekannte Tatsache. Nehmen wir´s nur zum Beispiel, dass das Volk nie aufgehört hat, an das Bestehen okkulter Phänomene zu glauben, selbst dann nicht, als dieses Bestehen von der ganzen Wissenschaft verworfen wurde. Erst in neuester Zeit ist man zur Erkenntnis gekommen, dass die Beobachtungen des Volkes richtig und die der Wissenschaft falsch waren. Alle diese Erscheinungen, ebenso wie das Levitationsphänomen, welches auch von der offiziellen Wissenschaft negiert wird, finden eine ganz natürliche Erklärung in meiner eben vorgebrachten Levitationstheorie.

Auch Dr. Karl du Prel nimmt in seinem im Jahre 1899 erschienenen Werke „Die Magie als Naturwissenschaft" meine Hypothese an, dass sich die Levitation auf die Polarisation des menschlichen Körpers gründet, oder bescheidener, aber vielleicht auch wahrhaftiger gesagt, wiederholt er etwas entschiedener – obwohl er sich nicht in irgend welche weitere Darlegungen noch Beweise für die Rechtfertigung dieser seiner Behauptung einlässt – den Gedanken, den er bereits im Jahre 1890 in seinem Werke „Studien auf dem Gebiete der Geheimwissenschaften", und zwar auf S. 7 mit folgenden Worten ausgesprochen hatte: „Da durch die menschlichen Nerven nachweisbar Elektrizität strömt und die Schwere vermutlich nur auf einem Spezialgesetze der Elektrizität beruht, so könnte diese wohl modifiziert werden, wenn im magnetischen Akt fremde Elektrizität auf einen Organismus überströmen sollte."

Ich konstatiere, dass mir dieser Gedanke du Prels nicht bekannt war, als ich im Jahre 1897 zur Idee kam, auf einem ähnlichen Grunde das Levitationsproblem zu lösen zu versuchen; wenn mir aber auch derselbe bekannt gewesen wäre, so ist doch von diesem Gedanken bis zum Präzisieren meiner Hypothese ein langer Weg, desto länger, da dieselbe nicht auf der Übertragung einer fremden Elektrizität beruht, wie es der Fall wäre, wenn mir dieser Gedanke du Prels als Direktive gedient hätte.

Ebenso einleuchtend, wie das Levitationsproblem mittel der Franklinschen unitären Elektrizitätstheorie gelöst wird, kann es auch mit Hilfe der dualistischen Elektrizitätstheorie gelöst werden, mit dem Unterschiede aber, dass diese Lösung komplizierter ist. Wollen wir nun die geehrten Leser in diesen meinen Ausführungen folgen. Durch Experimente der bereits erwähnten Gelehrten Freih. von Reichenbach, de Rochas, Dr. Luys, Dr. I.N. Jodko und Dr. Pogorjelskij ist ein exakter Beweis erbracht worden, dass Somnambule, zu denen jedenfalls auch spiritistische Medien, sowie alle Arten von Extatikern während der Dauer ihres abnormalen Zustandes (der als somnambuler oder magnetischer Schlaf, Trance, lethargischer, kataleptischer Schlaf, Extase usw. benannt wird) zu zählen sind, ein Agens exteriorisieren, welches sich als Träger unseres Empfindungsvermögens, und zwar teilweise oder gänzlich darstellt und welches sich schichtweise neben dem Körper des Somnambulen ablagert. Dieses Agens wird „Od“ genannt: Dr. Pogorjelskij benannte dieses Agens wegen seiner Verwandtschaft mit der Elektrizität „physiologische polare Energie“. Dr. Pogorjelskij hat durch exakte Experimente folgendes bewiesen:

1) Bei jeder Erzeugung von Elektrizität entwickelt sich zugleich eine polare physiologische Energie. Die statische Elektrizität ist jedenfalls von einer erheblich reichlicheren Emanation dieser Energie begleitet, als die Ströme jeder anderen Elektrizität sind.
2) Folglich müssen bei jedem Elektrizitätsvorgang die Ströme der polaren physiologischen Energie eine nicht minder wichtige Rolle spielen, als die direkte Tätigkeit der statischen Elektrizität.
3) Die therapeutische Wirksamkeit der auf den menschlichen Organismus gerichteten Elektrisation beruht wahrscheinlich

ausschließlich auf der physiologischen Energie, denn die eine Elektrizität dürfte auf die organischen Gewebe nur als katalytische Kraft einwirken.

4) Die polare physiologische Energie ist identisch mit dem Universalfluid der Alten, mit dem astralen Einfluss nach Paracelsus, der Lebenskraft nach Maxwell, Archäus nach van Helmont, der animalischen Elektrizität nach Puyseur, Od nach Reichenbach, Metaorganismus nach Hellenbach, dem Astralkörper der Spiritisten usw.
5) Die Übertragung der physiologischen polaren Energie vom Operateur auf das Objekt führt zu den Phänomenen der Suggestion, Katalepsie, des Somnambulismus, der Lethargie usw.
6) Folglich muss die Lösung der Fragen betreffend die Vorteile der verschiedenen therapeutischen Wirkungen der Franklinisation, der Galvanisation, der Faradisation usw. und ebenso derjenigen betreffend die Anwendungsweisen dieser verschiedenen Agentien unter der Form von Douchen, Bädern, Massage oder betreffend die Gestaltung der Elektroden (als Pinsel, Spitzen, Platten usw.), so muss, sagen wir, die Lösung aller dieser Fragen nicht in der Elektrizität (wie man dies bislang getan hat) gesucht werden, sondern in dem Studium der physiologischen Energie.
7) Die Wirkung des elektrischen Stromes kann eine zweifache sein, entsprechend der Menge der physiologischen Energie, welche ihn begleitet: a) der Strom wirkt als Erregungsmittel, indem er die Dissoziation und Emanation der Energie weckt, welche der Körper des Elektrisierten besitzt, und b) er wirkt als Regenerator, indem er auf den Organismus einen neuen Vorrat von dieser durch den elektrischen Strom selbst erzeugten Elektrizität überträgt.
8) Diese Tatsachen werden durch die erhaltenen Fotogramme ad oculos demonstriert: Die statische Elektrizität liefert Elektrogramme, während die physiologische Energie unter

dem Einfluss des erregenden Stromes Energogramme erzeugt und unter dem Einfluss des regenerierenden Stromes Radio- oder Piknogramme hervorbringt.

9) Die Möglichkeit, die Radiogramme selbst ohne Vakuum und ohne Hilfe von Strömen hoher Intensität zu erzielen, beweist, dass die X-Strahlen von Röntgen und die strahlende Materie von Crookes nichts anderes sind, als polare physiologische Energie.

Exakte Beweise (durch die Reproduktion von Experimenten) für diese Behauptungen hat Dr. Pogorjelskij, wie ich es bereits vorher erwähnt habe, in seinem russischen Werke: „Die Elektrofotosphäre und die Energographie als Beweise für die Existenz der physiologischen polaren Energie oder des sog. tierischen Magnetismus und ihre Bedeutung für die medizinische und naturhistorische Wissenschaft“ geboten, auf welches Werk ich alle Leser verweise, die sich durch ihre eigenen Forschungen von dem Bestehen des Ods und seiner elektrischen Natur nicht überzeugt haben. Demzufolge glauben wir, dass uns niemand wird vorwerfen können, wir bewegten uns nicht in den Grenzen exakt bewiesener Tatsachen, wenn wir behaupten, dass dieses während extatische psychischer Zustände sich exteriorisierende Agens, welches wir in Zukunft der Kürze halber (aber auch Freiherrn von Reichenbach zu Ehren) „Od“ nennen werden, ganz verwandt mit der Elektrizität, oder besser gesagt, dass dasselbe nur eine durch den menschlichen Organismus modifizierte Elektrizität und daher mit allen Eigenschaften sowohl der statischen wie auch der dynamischen Elektrizität versehen ist. Wenn wir uns nun an die dargelegte Zöllnersche Gravitationstheorie erinnern, so würden uns auf einmal alle Stufen der Levitation, von dem Gefühle angefangen, welches einen begeisterten Menschen stärker und leichter macht, bis zu jenem, wo eine in Extase seelischer Begeisterung geratene Person sich in die Lüfte erhebt, erklärlich werden, sobald wir nach der Natur elektrischer Gesetze aufstellen könnten, dass diese Exteriorisation der physiologischen polaren Energie, d. i. des Ods, die während solcher Zustände zu Stande kommt, eine Veränderung in den attraktiven Resultanten der statischen Elektrizität des menschlichen Körpers bewirken könnte. Wie wir es schon vorher begründet haben, hat der berühmte Faraday schon im Jahre 1831 das Gesetz der sog. Induktionsströme aufgestellt, nach welchem ein galvanischer Strom in einem nahen Drahte elektrische Ströme von entgegengesetzter Richtung hervorruft, und zwar, wenn der Strom zu fließen beginnt, wenn er sich dem Drahte nähert und wenn seine Kraft steigt; dass dagegen dieser Strom einen Strom von gleicher Richtung induziert, wenn er nachlässt oder zu fließen aufhört, d. h. im ersteren Falle bewirkt er eine diametrale Veränderung der Art elektrischer Ströme im Verhältnis zum letzteren Falle.

Da das „Od“, wie bewiesen wurde, in höchstem Grade mit der Elektrizität verwandt ist (und nach Dr. Pogorjelskij ist es nichts anderes, als durch den menschlichen Organismus modifizierte Elektrizität) so werden gewiss für dasselbe die gleichen Gesetze, wie für den Magneten walten, d. h. die während der extatischen Zustände außerhalb des materiellen menschlichen Körpers aufgelagerten Odschichten werden solange in den Körperteilchen Molekularströme von entgegengesetzter Richtung induzieren, als sie es waren, während sich das Od in normaler Disposition, d. h, während sich der Mensch in normalem Zustande befand (was dem Nachlassen oder dem Aufhören entspricht), bis sich das Od exteriorisieren und infolge dessen die von ihm repräsentierte elektrische Kraft steigern wird, und es werden dann infolge des diametral entgegengesetzten elektrischen Verhältnisses zum normalen Verhältnisse während fortdauernder Induktion auch die attraktiven Resultanten der statischen Elektrizität diametral entgegengesetzt verändert werden, d. h. die statische Wechselwirkung zweier Amperescher Molekularströme wird nicht mehr in der Einheit der Entfernung eine Attraktion in der Größe von 2 a, sondern eine Repulsion von der Größe 2 z betragen, welche Größe dann proportional mit der Intensität der Induktion, d.h. der Odexteriorisation steigen wird.

Ich mache den Vorschlag, dass diese Induktionsart analog der

Magnet- und Voltainduktion „Odoinduktion“ benannt werde. Somit haben wir also den Beweis erbracht, dass sich nach den bereits gefundenen Gesetzen der Elektrizität notwendig bei extatischen Zuständen infolge der Exteriorisation des Odes die attraktive Kraft der Gravitation in gerader Proportion der Menge des exteriorisierten Ods, d. i. der Höhe des extatischen Zustandes in eine abstoßende Kraft wird umwandeln müssen; aber auch der Tatsache gemäß, dass alle Nuancen der Levitation, von der geringstschätzigen Gewichtsverminderung bis zum Schweben, Erscheinungen sind, die vollständig mit den Gesetzen der Gravitation im Einklange stehen und uns zugleich einen exakten Beweis für die unbedingte Richtigkeit der Zöllnerschen Theorie liefern, nach welcher die Ursache der Gravitation in statischen Wirkungen der Elektrizität enthalten ist.

Bei dieser Gelegenheit ersuche ich alle die Herren Gelehrten, die sich von der Richtigkeit meiner Hypothese überzeugen möchten, Somnambule auf empfindlichen Wagen in magnetischen Schlaf zu versetzen und in regelmäßigen Absätzen das Gewicht des Somnambulen, sowie die Tiefe des Schlafes zu registrieren und die erzielten Resultate zu veröffentlichen; denn damit werden sie nicht nur mir einen großen Gefallen erweisen – was selbstverständlich nur Nebensache bleibt sondern auch zur Erkenntnis eines der erhabensten und merkwürdigsten Phänomene der menschlichen Natur viel beitragen.

Weitere Bücher aus dem Christof Uiberreiter Verlag:

Das goldene Blatt der Weisheit
Seila Orienta/Franz Bardon

Zum ersten Mal in der okkulten Literatur wird die 4. Tarotkarte des Hermes Trismegistos verständlich beschrieben und offengelegt. Sie beinhaltet unbekannte Konzentrations- und Meditationsübungen. Des Weiteren gibt sie Hinweise und erklärt die Unterschiede zwischen Magie und Mystik und Gefahren des einseitigen Weges. Am Ende steht die Verbindung mit der universellen Gottheit, dem Herrn der Sonnensphäre, welcher quabbalistisch „Metatron" genannt wird.

*

5. Tarotkarte – Mysterien des Steins der Weisen
Seila Orienta/Franz Bardon

Dieses Buch stellt die Vorderseite der Alchemie dar, die die einzelnen praktischen Übungsschritte erklärt, ohne die verschlüsselten Mystifikationen der alten Alchemisten auch nur annähernd zu erwähnen, wie man es aus den anderen Büchern des Franz Bardon kennt. Es wird erklärt, dass ohne vollkommene Beherrschung der 4 Elemente keine Alchemie möglich ist. Des Weiteren wird mit den einzelnen Ebenen, mit den Matrizen, dem elekromagnetischen Fluid usw. gearbeitet. Doch der Hauptpunkt stellen die göttlichen Eigenschaften wie z. B. die Allmacht dar, mit denen der Göttliche Stein der Weisen durch gewisse Übungen geladen wird.

*

Talismanologie und Mantramkunde
Seila Orienta/Franz Bardon

Zum ersten Mal werden hier (magisch) geladene Mantrams – Gebetssätze – preisgegeben, welche bei nötiger Reife, Ausgeglichenheit und Reinheit durchdringende Erfolge versprechen.

Mantrams sind ja nach Bardon nicht irgendwelche „Suggestionssätze“, sondern sie sind Ideenausdrücke, mit denen man mit Mächten, Kräften, Eigenschaften, also Gottheiten, in Verbindung kommen kann. Gleichzeitig werden die dazugehörigen Siegelzeichen der göttlichen Ideen preisgegeben, welche im rituellen Zusammenhang mit den Mantrams stehen. Ein Buch, dass nicht nur die Hermetiker sondern auch die Anhänger der Yogawissenschaften inspirieren wird!

*

Eine Sammlung der schönsten und lehrreichsten Beschwörungsgeschichten

Hohenstätten

Dieses Buch ist einzigartig, denn es zeigt den zweiten Band von Franz Bardon an Hand von interessanten Evokationsberichten, die genau das bestätigen, was Bardon in seinem Buch geschrieben hat, und noch darüber hinaus. Es werden sensationelle Erlebnisse geschildert, die man sonst niemals findet. Auch aus unveröffentlichten Schriften wird zitiert.

*

Verkörperungen des Meister Arion

Hohenstätten

Man wird beim Lesen dieses Buches nicht glauben, wie viele bekannte und unbekannte Inkarnationen Franz Bardon hatte. Die paar, die im „Frabato“ bekannt gegeben wurden, stellen nur einen geringen Teil seiner Verkörperungen dar. Wir mussten, da es dermaßen wenig Literatur über die Verkörperungen gab, wieder hunderte und aberhunderte von Büchern, Aufsätzen, Zeitschriften und Artikeln durcharbeiten, bis wir genügend Material für dieses Buch hatten. Aber der Leser wird sich beim Lesen sicherlich über unsere Arbeit freuen, denn sie wird ihn in Erstaunen versetzen!

Shamballa, der goldene Tempel des Lichts
Hohenstätten

Dieser Tempel dürfte jeden Leser von Bardons Roman „Frabato“ fasziniert haben. Dass es aber in der okkulten Literatur noch viel mehr Informationen darüber gibt, die man aber nur findet, wenn man alles Veröffentlichte gelesen hat, dürfte dem einen oder anderen unbekannt sein. Es wurden wieder ganze Stöße von Büchern durchgesehen und das Ergebnis wird hier veröffentlicht. Es wird aber gleichzeitig darauf hingewiesen, wie viel Schundliteratur es darüber gibt, wie viel Lügen im Umlauf sind, damit sich der Schüler der Hermetik ein klares Bild machen kann. Wir bringen in diesem Buch alles, was wir an Material darüber gefunden haben und es wird auch noch einiges aus der eigenen Erfahrung, was das Wertvollste ist, mitgeteilt. Nicht nur über den Tempel wird berichtet, sondern auch über die damit verbundene „Bruderschaft des Lichts“, dessen Sitz er darstellt.

*

Auf der Suche nach Meister Arion
Hohenstätten

Diese Autobiographie eines Schüler der Hermetik des Franz Bardon schildert sein magische Leben, in welcher zahlreiche Erfahrungen zu den Übungen aus dem Adepten geschildert werden, die die Hauptperson selbst erlebt hat. Es wird der schwere Weg des Adepten aus autobiographischer Sicht gezeigt, seine vielen Tiefschläge, aber auch seine glanzvollen Seiten und Zeiten. Der harte Kampf mit dem Seelenspiegel wird bis in alle Einzelheiten aufgezeigt, genauso wie die vielen anderen Wege, in welche der Autor reinschnupperte um dadurch reichlich Erfahrung sammeln zu können. Darüber hinaus enthält es unzählige Erfahrungen und Berichte betreffs Mantramistik nach Bardon, die wahre Runenmagie, zahlreiche Evokationen sowie Invokationen mit seinem Lehrer Anion, einen magischen Exorzismus, wie er bisher noch nie öffentlich geschildert wurde.

Mentalreisen, Beeinflussungen, Übungen zur Gottverbundenheit, Erscheinungen, Alchemie, Heilungen mit den verschiedensten magischen Methoden z. B. Quabbalah oder durch die Elemente, Schutzgeistevokationen und viele andere magische „Wunder“ seines Freundes und Lehrers Anion. Auch einige magische Fotos in Farbe, ein bisher von Bardon unveröffentlichtes Akashafoto von Christus und ein Bild des schwebenden Meister Arion werden in diesem Buch preisgegeben. Der Inhalt ist viel reichlicher, als hier kurz beschrieben werden kann.

*

Magisches Gleichgewicht
Hohenstätten

Dieses Buch zeigt eindeutig, dass in allen anderen Systemen das „Gleichgewicht“ genauso gebraucht wird, wie bei Bardons Werken. Er war nicht der einzige, der das erwähnte, aber er war der erste, welche es deutlich erklärte, denn die anderen Systeme sprachen nur durch das Symbol, welches nicht jedem Leser verständlich war. Obendrein bringen wir nochunveröffentlichtes vom Meister Arion zu dieser Grundlage der magischen Entwicklung.

*

Das Leben und die Erfahrungen eines wahren Hermetikers
Seila Orienta

Diese Autobiographie eines Magiers ist unübertroffen, denn bis jetzt hat kein einziger, okkult Geschulter, so offen und ehrlich gesprochen wie Seila Orienta. Er gibt in diesem Werk sein Leben bekannt, sowie seine zahlreichen und äußerst interessanten Erlebnisse und Erfahrungen. Es werden auch zum ersten Mal Fotos von Wesen der Sphären gezeigt, welche Franz Bardon höchstpersönlich in den 20ern gemacht hat. Des Weiteren schreibt Seila Orienta über die Sphären, über Dämonen, Logenkontakte und vieles vieles mehr, was einem ehrlich strebenden Hermetiker das Herz übergehen lassen wird.

Das Leben des Franz Bardon
Hohenstätten

Dieses Buch beschreibt das Leben des Meisters außerhalb des Frabatos, welches seine Sekretärin – Otti V. – geschrieben hat. Es beinhaltet Erklärungen zu seiner „Biografie“, weitere Einzelheiten über den Kampf mit der FOGC, seine Beziehung zu Wilhelm Quintscher und anderen Okkultisten, was alles bisher unbekannt war! Des Weiteren werden viele Erlebnisse seiner Schüler in Prag erzählt, verschiedene magische Leistungen und interessante Geschichten Bardons beschrieben, die bis dato unveröffentlicht sind. Es werden auch seine drei Lehrwerke und deren Wirkung auf die Öffentlichkeit von einem anderen, unbekannten Standpunkt geschildert, welcher durch bisher schwer zugänglichen Schriften unterstützt wird. Als Krönung wird seine aus dem tschechischen übersetzte „Runenschrift“ zum ersten Mal veröffentlicht. Auch einige Seiten aus anderen unveröffentlichten Schriften von ihm sowie interessante Fotos des Meister Bardon und seiner Freunde werden hier Preis gegeben und vieles, vieles mehr.

*

In Verbindung mit der Gottheit
Hohenstätten

Über das Thema der Gottverbundenheit mit all seinen Formen und Methoden wurde bis heute noch nie ein Buch verfasst geschweige denn eine Schrift geschrieben. Man findet in der okkulten wie in der östlichen Literatur nur spärliche Hinweise, die größtenteils verschlüsselt sind oder so geschrieben wurden, dass man sie kaum versteht. Im Gegensatz dazu wird in diesem Buch offen dargelegt, dass das 1. kleine Arkanum der 78 Tarotkarten die Gottverbundenheit in ihrer Reinform darstellt.

Hermetische Heilmethoden

Hohenstätten

Dieses Buch stellt in der okkulten Literatur ein absolutes Unikum dar, denn über die Gesamtheit der okkulten Heilmethoden wurde bis jetzt noch NIE etwas sinnvolles geschrieben. Es werden alle Heilmethoden erwähnt, die der hermetische Schüler mit Hilfe seiner bisher erlangten Konzentrationsfähigkeit ausüben und verwenden kann.

*

Erste hermetische Zeitschrift

„Der hermetische Bund teilt mit“ ist eine der wenigen magisch-mystischen Zeitschriften, welche sich soweit als möglich auf die universelle Lehre von Franz Bardon bezieht. Sie versucht sich an die Gesetze des 4-poligen Magneten zu halten und vermittelt Wissen sowie Hinweise für die Praxis, damit der Leser die Möglichkeit hat, sie in seinen hermetischen Weg aufzunehmen und für sich gewinnbringend zu verarbeiten.

Noch viel mehr hermetische Literatur finden Sie auf unserer Website: http://www.hermetischer-bund.com.

Viel Vergnügen beim Stöbern!

Der Verlag

www.ingramcontent.com/pod-product-compliance
Ingram Content Group UK Ltd.
Pitfield, Milton Keynes, MK11 3LW, UK
UKHW020232250726
13967UKWH00001B/320

9 781291 263114